INGLÉS

(ENGLISH)

FÁCIL Y RÁPIDO

by **Alicia Arnaldo**
Anita G. Dente
and
Laura J. Furey
Our Lady of Perpetual Help High School, Brooklyn, New York

Third Edition

Para ayudarlo a medir el progreso de su estudio, hemos
incluido relojes como el que se ve
arriba para marcar cada intervalo
de quince minutos. Usted puede leer una
de estas lecciones cada día o
según sean sus requisitos.

BARRON'S

CONTENTS

© Copyright 2010, 1998, 1990 by Barron's Educational Series, Inc.

All rights reserved. No part of this publication may be reproduced
in any form or by any means without the written permission of the
copyright owner.

All inquiries should be addressed to:
Barron's Educational Series, Inc.
250 Wireless Boulevard
Hauppauge, NY 11788
www.barronseduc.com

ISBN-13: 978-0-7641-4349-6
ISBN-10: 0-7641-4349-2

Library of Congress Control Number 2009944029

Printed in China

9 8 7 6 5 4 3 2

Greater
Los Angeles

¡Felicidades queridos amigos! Comprar este libro fue una idea fantástica porque les ayudará a aprender rápidamente uno de los idiomas más importantes del mundo. Por supuesto, las lenguas romances pueden ser más hermosas de escuchar, pero el inglés es sin lugar a dudas la lengua más útil y necesaria en el mundo de hoy.

Y uno de los primeros usos de esta nueva lengua será ayudarle a conocer este país maravilloso llamado los Estados Unidos. Dependiendo de la duración de su visita, hay muchos lugares que le recomendaríamos ver, pero para mantener nuestra lista posible y práctica, solamente incluiremos unos cuantos.

Por supuesto, ningún concepto sobre Estados Unidos sería completo sin mencionar a Nueva York, con sus ocho millones de habitantes y lugares de gran atracción turística que incluyen la Estatua de la Libertad, el *Empire State* (el edificio más alto de la ciudad), una gran cantidad de museos (el Metropolitano de Arte, el de Arte Moderno, el *Guggenheim* y el *Whitney* como sólo una pequeña muestra), el centro financiero de *Wall Street*, la Quinta Avenida con sus famosas tiendas, *Lincoln Center* y la Catedral de San Patricio, las Naciones Unidas y el muy conocido Parque Central.

De aquí vale comentar sobre la capital, Washington, con sus impresionantes edificios públicos, desde el Capitolio hasta los inolvidables monumentos a Lincoln y a los caídos en Vietnam, sus magníficos museos e instituciones (la *Smithsonian* tiene edificios y temas para todos los gustos, desde agricultura hasta astronautas) y sus anchos bulevares.

Este enorme país tiene ciudades al lado de lagos que parecen océanos (Chicago), ciudades históricas que lo llevan a los tiempos de la lucha por la independencia (Filadelfia), ciudades recientes (Los Angeles), ciudades antiguas (Boston) y ciudades que se especializan en diversión y vacaciones, con énfasis en niños y juventud (*Disney World* en Florida). La palabra que todo lo abarca es *diversidad*.

¡Bienvenidos a los Estados Unidos! Y ahora, comencemos con lecciones en su nueva lengua, el inglés.

PRONUNCIACIÓN

A diferencia del español, que se escribe como se pronuncia, en inglés hay muchas variaciones en la ortografía, las cuales muchas veces hacen difícil hablar esta lengua. Sin embargo, los sonidos básicos son semejantes a los del inglés, y como nosotros incluimos la pronunciación de las palabras difíciles según ellas aparecen, usted no tendrá problema en hacerse comprender.

Aquí siguen los sonidos básicos del inglés.

INGLÉS	EJEMPLOS	SÍMBOLO
VOWELS		
a in f**a**ther (padre)	**a** en c**a**sa	a
a in c**a**t (gato)	ninguno (**a** con boca en sonrisa)	a
a in h**a**te (odio)	**ei** en b**éi**sbol	ei
e in g**e**t (coger)	**e** en p**e**ro	e
e in f**ee**t (pies)	**i** en s**í**n	i
i in **i**ce (hielo)	**ay** en h**ay**	ai
i in mach**i**ne (máquina)	**i** en **i**da	i
o in t**o**e (dedo)	**o** en c**o**mo	o
o in **o**r (o)	**o** en **o**rden	o
oo in b**oo**t (botas)	**u** en C**u**ba	u
u in c**u**te (linda)	**yu** en **yu**nque	yu
u in c**u**t (cortar)	ninguno (**a** con boca estrecha)	u
CONSONANTS		
b in **b**arber (peluquero)	**b** en Ro**b**erto	b
c in **c**ar (coche), **c**old (frío), **c**ute	**c** en **c**asa **c**osa, **c**urioso	k
c in **c**ent (peseta), **c**ity (ciudad)	**c** en **c**entro, **c**igarro	s
ch in **ch**eck (cheque)	**ch** en mu**ch**os	ch
d in **d**entist (dentista)	**d** en **d**iente	d
f in **f**arm (granja)	**f** en **f**avor	f

INGLÉS	EJEMPLOS	SÍMBOLO
g in **g**ame (partida), **g**o (ir), **g**um (goma)	**g** en **g**afas, **g**ordo, **g**usta	g
g in **g**erm (germen), **g**iant (gigante)	**ll** en **ll**amar (en Argentina)	ch
h in **h**ome (casa)	**j** en **j**ardin	j
h in **h**our (hora)	muda como **h**ora	
j in **j**ar (jarra)	**ll** en **ll**amar (en Argentina)	ch
k in **k**iss (beso)	**qu** en **qu**eso	k
l in **l**emon (limón)	**l** en **l**ástima	l
m in **m**usic (música)	**m** en **m**ujer	m
n in **n**ame (nombre)	**n** en **n**ombre	n
p in **p**ark (parque)	**p** en **p**atata	p
q in **q**uick (pronto)	**q** en **q**ui	k
r in **r**ose (rosa)	no hay equivalente en español para este sonido; pero se pronuncia elevando la lengua hacia la bóveda del paladar, como "r" en *sereno* sin gorjeo.	r
s in **s**in (pecado)	**s** en **s**onido	s
s in hi**s** (su)	**z** en **z**apatos	z
sh in **sh**ower (ducha)	no hay equivalente en español	usamos ch para señalar este sonido
t in **t**omorrow (mañana)	**t** en **t**ocar	t
th in **th**is (este)	no hay equivalente en español para este sonido, pero se pronuncia con ceceo, con la lengua entre los dientes (como una *z* en España)	usamos t' para señalar este sonido
v in **v**acation (vacaciones)	siempre como labio-dental	v
w in **w**ork (trabajo)	**ue** en m**ue**ve	ue
x in e**x**-wife (ex-esposa)	**x** en é**x**ito	x
x in **x**ylophone	**x** en **x**ilófono	z
y in **y**es (sí)	**y** en **y**a	y
z in **z**ebra (cebra)	**z** en **z**apatos (con sonido de una abeja)	z

CONOCER GENTE

(GUE-ting) *(tu)* *(no)* *(PI-pel)*
Getting to Know People

1	*(lets)* *(kon-VERS)* ## Let's Converse Vamos a conversar

Habiendo llegado a los Estados Unidos, usted deseará conocer personas y conversar con ellas. Para esto, necesitará expresiones útiles para empezar la conversación. Aquí encontrará algunas que puede usar en estas conversaciones. Subráyelas y así podrá recordarlas mejor.

(KE-ne-di)

Carlos López, su esposa María, su hija y su hijo acaban de llegar al aeropuerto Kennedy, cerca de Nueva York, y están buscando su equipaje, el eterno problema para todos los viajeros. Carlos se acerca a un empleado de la línea aérea:

CARLOS	*(ai)* *(SUT-queis-es)* **Good morning, sir. I am looking for my suitcases.** Buenos días señor busco mis maletas.
EMPLOYEE	*(O-kei)* *(uats)* *(yor)* *(neim)* **O.K. What's your name?** Bien ¿Cómo se llama usted?
CARLOS	*(mai)* **My name is Carlos López.** Me llamo Carlos López.
EMPLOYEE	*(uer)* *(du)* *(yu)* *(kam)* *(fram)* **Where do you come from?** ¿De dónde viene?
CARLOS	**I come from Puerto Rico.** Vengo de Puerto Rico.
EMPLOYEE	*(uat)* *(iz)* *(t'e)* *(NOM-ber)* *(flait)* **What is the number of your flight?** ¿Cuál es el número de su vuelo?
CARLOS	*(t'ri)* *(JON-dred)* **Three hundred and three, from Ponce.** 303 de Ponce
EMPLOYEE	*(uan)* *(MO-ment)* *(pliz)* **One moment, please.** Un momento, por favor.

Lea la conversación en voz alta varias veces e imite los sonidos encima de las palabras. Mientras más veces lo haga, más fácil resultará. Luego, haga el ejercicio en la página siguiente llenando los espacios en blanco.

CARLOS	G _____ M _____, sir. I am looking for my _____.
EMPLOYEE	O.K. What is _____?
CARLOS	_____ Carlos López.
EMPLOYEE	Where _____?
CARLOS	I _____ from _____.
EMPLOYEE	What is the _____ of your _____?
CARLOS	_____ 303, _____ Ponce.
EMPLOYEE	One moment, _____.

Ahora vea si puede contestar estas preguntas:

¿Cuál es un saludo cortés en inglés? _____.

Cuando viaja, ¿en qué pone la ropa? In _____.

¿Cómo le pregunta a una persona su nombre? _____.

Si alguien le pregunta a usted su nombre, ¿qué responde Ud.?

_____.

¿En qué país vive? I live in _____.

Los estadounidenses son muy agradables. Si (usted) quiere pedir un favor, ¿qué dice usted?

_____.

Aquí está otra conversación corta para ayudarle a aprender las frases de cortesía que todo el mundo necesita saber.

Carlos se encuentra con su profesora de colegio en el aeropuerto.

MRS. GARCIA	*(jau)* *(ar)* **Carlos! How are you?** ¿Cómo está?
CARLOS	*(je-LO)* *(uel)* *(t'enks)* **Mrs. Garcia! Hello. Well, thanks, and you?** ¡Hola! Bien gracias ¿y usted?

Good morning, suitcases; your name; do you come from? come, Puerto Rico; number, flight; Flight; from, please. **Preguntas:** Good morning; in a suitcase; My name is...; I live in... I come from...; please.

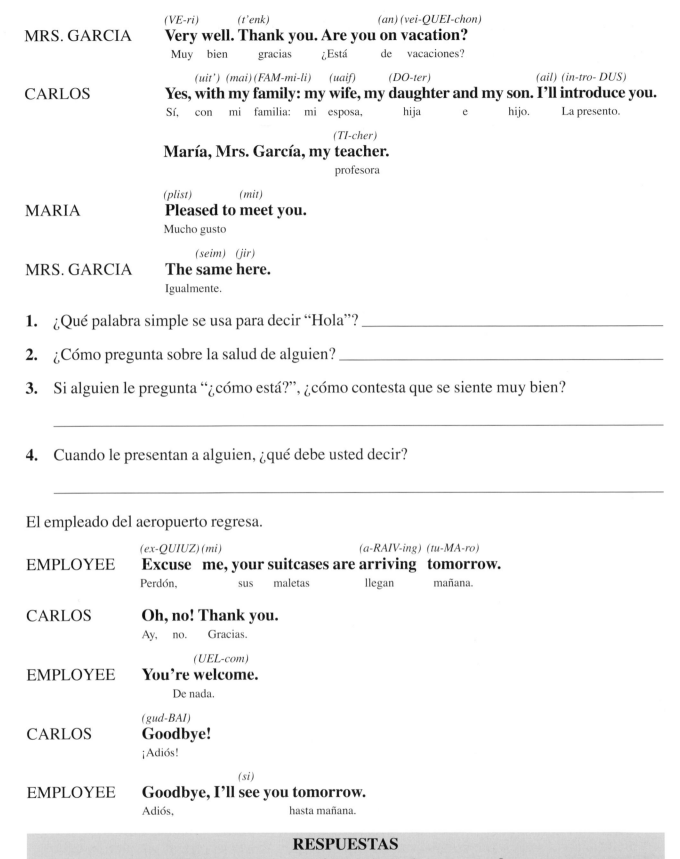

MRS. GARCIA *(VE-ri)* *(t'enk)* *(an)* *(vei-QUEI-chon)*
Very well. Thank you. Are you on vacation?
Muy bien gracias ¿Está de vacaciones?

CARLOS *(uit')* *(mai)* *(FAM-mi-li)* *(uaif)* *(DO-ter)* *(ail)* *(in-tro- DUS)*
Yes, with my family: my wife, my daughter and my son. I'll introduce you.
Sí, con mi familia: mi esposa, hija e hijo. La presento.

(TI-cher)
María, Mrs. García, my teacher.
profesora

MARIA *(plist)* *(mit)*
Pleased to meet you.
Mucho gusto

MRS. GARCIA *(seim)* *(jir)*
The same here.
Igualmente.

1. ¿Qué palabra simple se usa para decir "Hola"? _____

2. ¿Cómo pregunta sobre la salud de alguien? _____

3. Si alguien le pregunta "¿cómo está?", ¿cómo contesta que se siente muy bien?

    _____

4. Cuando le presentan a alguien, ¿qué debe usted decir?

    _____

El empleado del aeropuerto regresa.

EMPLOYEE *(ex-QUIUZ)* *(mi)* *(a-RAIV-ing)* *(tu-MA-ro)*
Excuse me, your suitcases are arriving tomorrow.
Perdón, sus maletas llegan mañana.

CARLOS **Oh, no! Thank you.**
Ay, no. Gracias.

EMPLOYEE *(UEL-com)*
You're welcome.
De nada.

CARLOS *(gud-BAI)*
Goodbye!
¡Adiós!

EMPLOYEE *(si)*
Goodbye, I'll see you tomorrow.
Adiós, hasta mañana.

RESPUESTAS
1. Hello 2. How are you? 3. Very well, thank you. 4. Pleased to meet you.

5. ¿Qué palabra podemos usar para pedir disculpas? _____

6. ¿Cuál es una frase útil para expresar sorpresa o disgusto? _____

7. ¿Cómo se dice "gracias" a alguien? _____

8. Si alguien le da las gracias ¿cómo contesta usted? _____

9. ¿Cómo se dice "adiós"? _____

10. Pero si usted regresa mãnana, ¿qué debe añadir? _____

¿Puede usted arreglar las palabras a continuación para que tengan sentido?

11. good, sir, morning _____

12. name, your, what's? _____

13. in Puerto Rico, I live _____

14. please, moment, one _____

15. you, are, how? _____

16. suitcases, my, I am, for, looking _____

(ri-MEM-ber)
Remember
Recuerde

Escriba las nuevas palabras y dígalas en voz alta:

(ER-port)
the airport
el aeropuerto

_____

(em-PLOI-i)
the employee
el empleado

_____

(SUT-keis-ez)
the suitcases
las   maletas

_____

(yu-NAIT-ed) (steits)
the United   States
los Estados Unidos

_____

(fleit)
the flight
el   vuelo

_____

(JOS-band)
the husband
el esposo

(uaif)
the wife
la esposa

(son)
the son
el hijo

(DO-ter)
the daughter
la hija

_____   _____   _____   _____

the family
la familia

_____

(spein)
Spain
España

_____

9

Singular y Plural

Los nombres generalmente forman el plural añadiendo **-S** o **-ES** al singular:

(flait) *(flaits)* *(DO-ter)* *(Do-terz)* *(cherch)* *(CHER-ches)*

Ejemplos: **flight, flights**   **daughter, daughters**   **church, churches**

vuelo   vuelos   hija   hijas   iglesia   iglesias

El plural de los nombres que terminan con **-Y** precedida de consonante se forma cambiando la **-Y** a **-I** y añadiendo **-ES**:

(SI-ti) *(SI-tiz)* *(KON-tri)* *(KON-triz)*

Ejemplos: **city, cities**   **country, countries**

ciudad ciudades   país   países

El plural de los nombres que terminan con **-Y** precedida de vocal se forma añadiendo una **-S**:

(DON-qui) *(DON-quiz)* *(qui)* *(quiz)*

Ejemplos: **donkey, donkeys**   **key, keys**

burro   burros   llave llaves

· Escriba el singular y el plural de las palabras a continuación en los espacios en blanco juntos a los grabados:

(BOI)
boy
muchacho

_____   _____

(MO-t'er)
mother
madre

_____   _____

(FA-t'er)
father
padre

_____   _____

(jo-TEL)
hotel
hotel

_____   _____

(FLAU-er)
flower
flor

_____

_____

(jaus)
house
casa

_____

_____

(fut)
foot*
pie

_____

_____

---

* En inglés hay algunas palabras con plural irregular. Por ejemplo, pie = **foot,** pero pies = **feet.** Otras palabras comunes son: hombre = **man,** hombres = **men;** mujer = **woman,** mujeres = **women;** y niño = **child,** niños = **children.**

(ei)   *(an)*
A y An
Un   y   una

En inglés la palabra **a** significa *un* o *una.* Cuando esta palabra va delante de otra que comienza con vocal, es necesario cambiarla por **an** para evitar un sonido que es desagradable en inglés. Por lo tanto, el significado de **a** y de **an** es el mismo:

	(UO-man)	*(buk)*	*(AP-el)*
Ejemplo:	**a woman**	**a book**	**an apple**
	una mujer	un libro	una manzana

Escriba el artículo indefinido **A** o **An** con las siguientes palabras:

1. _____ flower

2. _____ husband

3. _____ orange
naranja

4. _____ egg
huevo

5. _____ flight

6. _____ book

7. _____ father

8. _____ employee

9. _____ arm
brazo

Ahora conteste estas preguntas. Recuerde usar **a** o **an** correctamente. Siga nuestro ejemplo:

(ju)   *(iz)(it)*   *(uat)*

Who is it?   **What is it?**

Quién es   Qué es

1. It is a boy.

2. _____

3. _____

4. _____

5. _____

RESPUESTAS

2. It is a family.   **3.** It is a flower.   **4.** It is a house.   **5.** It is an arm.

12

LET'S TALK ABOUT RELATIVES

(tok) *(a-BAUT)* *(REL-a-tivs)*

Vamos a hablar de los parientes

Aquí está la familia de Miguel. Llene los espacios en blanco para practicar las palabras que indican a los diferentes miembros de la familia.

(MEI-ri)
Mary
María

(GREND-má-ter)
the grandmother
la abuela

(CHO-sef)
Joseph
José

(GREND-fá-ter)
the grandfather
el abuelo

(TA-mes)
Thomas
Tomás

(On-quel)
the uncle
el tío

(te-RI-sa)
Theresa
Teresa

(ent)
the aunt
la tía

(pol)
Paul
Pablo

the father
el padre

(an)
Ann
Ana

the mother
la madre

the husband
el esposo

the wife
la esposa

the husband
el esposo

the wife
la esposa

(chon)
John
Juan

(COS-in)
the cousin
el primo

(MAR-t'a)
Martha
Marta

the cousin
la prima

(PI-ter)
Peter
Pedro

the son
el hijo

(Su-zen)
Susan
Susana

the daughter
la hija

(BRO-t'er)
the brother
el hermano

(SIS-ter)
the sister
la hermana

(MAI-quel)
Michael
Miguel

¿Cuál es la relación de la primera persona con la segunda en las parejas de la lista?

1. Joseph is Thomas's *father*

2. Theresa is Thomas's _____

3. Paul is Mary's _____

4. Susan is Peter's _____

5. Ann is Martha's _____   **6.** Theresa is Martha's _____

7. Paul is Peter's _____   **8.** Ann is Joseph's _____

Continuemos con la familia que llegó al aeropuerto.

    (a-RAIVS) *(uit')* *(jiz)*   *(nu YORK)*   *(luks)*

Carlos arrives with his family in New York on a flight from Madrid. He looks for his
    llega   con su   a   en   de   busca

suitcases.

    (klerk) *(sez)*

The clerk says, "Good morning, sir. Your suitcases are arriving tomorrow."
    dice

  (gud) *(grif)*   *(wit'-AUT)*

"Good grief!" says Carlos, "In New York and without suitcases!"
  Dios mío   y sin

    (livs)   *(TU-rist)*

Carlos lives in Spain. His name is Carlos López. He is a tourist. The teacher, Mrs. García,
  vive   turista

    (PEI-chent)   *(uil)* *(bi)* *(e-NO-t'er)* *(dei)*

arrives and says, "Carlos, how are you? Be patient. Tomorrow will be another day!"
    paciencia   otro día

Carlos arrives with his family

Haga un círculo en la frase correcta para completar la oración:

      New York.   **lives**
1. Carlos arrives in **Spain.**   **2.** Carlos looks for his suitcases.
      Madrid.   **says**

        arrives   **teacher**
3. Mrs. García looks for "Be patient."   **4.** Mrs. García is Carlos's daughter.
        says   **mother**

¿Puede escribir estas palabras en plural?

1. son _____
2. city _____
3. donkey _____

4. boy _____
5. father _____
6. flower _____

Escriba **a** o **an** en los espacios en blanco:

1. _____ cmploycc
2. _____ house
3. _____ apple

4. _____ flight
5. _____ orange
6. _____ book

Ahora estudie y repita en voz alta las diferentes partes de la casa de Miguel.

A house
una   casa

(re-FRI-cher-ei-tor)
the refrigerator
la nevera

the toilet
el inodoro

(stov)
the stove
la estufa

(STEIR-uei)
the stairway
la escalera

(sink)
the sink
el lavabo

(BAT-tub)
the bathtub
la bañera

(QUI-chen)
the kitchen
la cocina

(BAT'-rum)
the bathroom
el cuarto de baño

(SO-fa)
the sofa
el sofá

(KLA-set)
the closet
el armario

(LI-ving) (rum)
the living room
la sala

(BED)
the bed
la cama

(cheir)
the chair
la silla

(BED-rum)
the bedroom
el dormitorio
la alcoba

the garden
el jardín

(UIN-do)
the window
la ventana

(desk)
the desk
el escritorio

(dor)
the door
la puerta

(JOL-uei)
the hallway
el pasillo

15

El, la, los, las: The

Usted ha notado que en inglés no hay género masculino ni femenino: todos los nombres son neutros y el artículo definido **the** se usa delante de todos los nombres en inglés, ya sean masculinos o femeninos, singular o plural:

the flight	**the mother**	**the uncle**
the flights	**the mothers**	**the uncles**

Es muy fácil, ¿no?

Por ejemplo

la casa _____   el muchacho _____   la maleta _____

You
Tú y Usted

En inglés hay solamente úna forma de decir tú o usted—**You**. A diferencia del español, no hay diferencia entre la forma familiar y la formal, o entre singular y plural. En inglés se dice **How are you?** a un niño, al presidente de los Estados Unidos, a los estudiantes en una clase y a una capilla llena de monjas. **You** se usa en todos estos casos.

RESPUESTAS

the house, the boy, the suitcase

LA LLEGADA
(e-RAI-vel)
Arrival

2	**On Finding a Hotel** *(FAIND-ing)* *(jo-TEL)* Al encontrar un hotel

Usted querrá saber algunas palabras básicas que describen los servicios que espera encontrar en el hotel. Aprenda los términos que están debajo de los grabados y fíjese cómo se usan en el diálogo.

ARRIVAL
La llegada

(guest)
The guest arrives at the hotel in a taxi.
huésped   llega   al

(peiz)
He pays and gets out of the taxi. He enters the hotel,
paga   baja   del   entra

(spiks)
and speaks with the clerk at the desk.
habla   con   en la recepción

to speak, to talk
hablar

_____

Escriba las nuevas palabras en los espacios a continuación:

(EN-ter)
to enter
entrar

_____

to arrive
llegar

_____

the desk
la recepción

_____

THE CLERK **Good morning, sir. Do you want a room?** *(du)* *(uant)*
Desea   cuarto

THE GUEST **Yes, please, a single room with a double bed.** *(SIN-gal)* *(Do-bel)*
sencillo   con   cama matrimonial

THE CLERK **For how many nights?** *(ME-ni) (naits)*
¿Para cuántas   noches?

THE GUEST **One week, please.** *(uík)*
Una semana,   por favor.

the double bed
la cama matrimonial

the room
la habitación

_____

17

THE CLERK	**How long will you be in the city?**
	(uil) above "will"
	¿Cúanto tiempo estará en la ciudad?

THE CLERK **How long will you be in the city?**
(uil)
¿Cúanto tiempo   estará   en la ciudad?

THE GUEST **Just one week. I am here on business.**
(chast) (uan) (uík)   (AI am jir)   (BIZ-nes)
Sólo una semana.   Estoy aquí por   negocios.

THE CLERK **Just business? Too bad. Well, if I can help you, please ask.**
(tu)   (uel)   (ken) (jelp)   (esk)
¿Sólo negocios?   Una lástima. Pues   si   puedo   ayudarle,   dígame.

Trate de leer la conversación desde **"The Arrival"** en voz alta varias veces hasta que le sea fácil hacerlo. Entonces léala de nuevo y vea cuántas palabras puede encontrar que expresen acciones o deseos. Subráyelas o hágales un círculo, por favor.

(som) *(IUS-fel)* *(uerdz)*
SOME USEFUL WORDS
algunas   útiles   palabras

(TA-ksi)
a taxi
un taxi

(pei)
to pay
pagar

(get) (aut) (af)
to get out of
bajar

Estudie la siguiente conjugación verbal en el tiempo presente:

HABLAR	
(yo) hablo	(nosotros) hablamos
(tú) hablas	(vosotros) habláis
él ⎫	ellos ⎫
ella ⎬ habla	ellas ⎬ hablan
Ud. ⎭	Uds. ⎭

TO SPEAK	
I speak	**we speak**
you speak	**you speak**
he ⎫	
she ⎬ **speaks**	**they speak**
it ⎭	

En inglés, los verbos son muy fáciles en el tiempo presente. Es necesario solamente añadir **-s** por **he, she,** o **it.** Muy fácil, ¿no?

¿Recuerda los verbos que estudiamos anteriormente? ¿Puede llenar los espacios en blanco a continuación?

to want
desear

1. I _____ to learn English.
(lern)

to buy
comprar

2. You _____ a new watch.
(uach)

to pay
pagar

3. He _____ for the hotel.

to stay
quedarse

4. She _____ in New York.

to arrive
llegar

5. We _____ at the airport.
(EIR-port)

to speak
hablar

6. They _____ English very well.

La primera noche en una ciudad puede ser inquietante; por eso aquí están algunas frases prácticas que le ayudarán en el hotel. Practique escribiéndolas y leyéndolas en voz alta:

A single room, please.

_____

(tu)

A room for two, please.

dos

_____

I want a room with a double bed.

_____

A room with a single bed, please.

_____

How much is it?

¿Cuánto   es?

_____

(pei)

Do I have to pay now?

¿Debo   pagar ahora?

_____

I want a room with a good view.

Deseo   buena vista.

_____

(cuáit)

I want a quiet room.

silencioso

_____

If You Want to Ask for Something
(SOM-t'ing)

Si quiere pedir algo

Usted hará preguntas cada día de su viaje—a empleados del hotel, vendedores y choferes de taxi. En español, cuando hacemos preguntas que pueden ser contestadas con "sí" o "no", generalmente levantamos la voz gradual y progresivamente desde el comienzo de la pregunta hasta el final. En inglés, la voz usualmente se levanta hasta el medio de la frase y luego desciende al nivel inicial. ¿Puede usted hacerlo con las siguientes preguntas?

Where is the bathroom?

Do you want to buy a watch?
Desea

Is there a single bed in the room?

Do you want a double bed?

Escriba las nuevas palabras y dígalas en voz alta.

(clíning léidi)
the cleaning lady
la mucama

(LAB-i)
the lobby
el vestíbulo

(qui)
the key
la llave

_____

_____

_____

(QUE-ri)
to carry
llevar

(el-e-VEI-ter)
the elevator
el ascensor

_____

_____

21

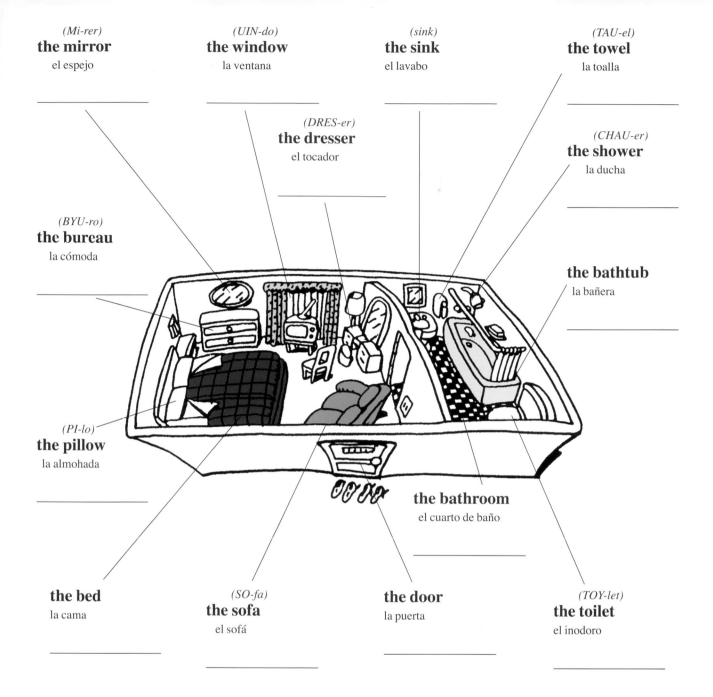

(Mi-rer)
the mirror
el espejo

(UIN-do)
the window
la ventana

(sink)
the sink
el lavabo

(TAU-el)
the towel
la toalla

(DRES-er)
the dresser
el tocador

(CHAU-er)
the shower
la ducha

(BYU-ro)
the bureau
la cómoda

the bathtub
la bañera

(PI-lo)
the pillow
la almohada

the bathroom
el cuarto de baño

the bed
la cama

(SO-fa)
the sofa
el sofá

the door
la puerta

(TOY-let)
the toilet
el inodoro

There is, there are = Hay
Is there, are there? = ¿Hay?

Ejemplos: **Are there any rooms with a view?**   **Is there a room with a view?**
Yes, there are rooms with a view.   **Yes, there is a room with a view.**

En inglés usamos. **There is . . .** o **Is there . . . ?** por Hay o ¿Hay? cuando hablamos de una cosa. Pero cuando hablamos de muchas cosas, usamos **There are . . .** o **Are there . . . ?**

¿Puede usted preguntar acerca del cuarto del hotel? Empiece con **Is there?** para una cosa o **Are there**? para dos o más cosas. Siga usted la forma de la pregunta modelo:

1. **(bed) Is there a bed in the room?**

2. **(dresser)**

   _____?

3. **(pillows)**

   _____?

4. **(sofa)**

   _____?

5. **(windows)**

   _____?

(jau)   *(moch)*   *(ME-ni)*

How Much? How Many?

¿Cuánto?   ¿Cuánta?   ¿Cuántas?   ¿Cuántos?

Para *cuánto* o *cuántos*, usamos **How Much** cuando hablamos de una cosa (singular), y **How Many** cuando hablamos de cosas plurales.

Por ejemplo: *(sup)*
            How much soup do you want?
              sopa

             (naits)
            For how many nights do you want the room?
              noches

Pero cuando hablamos de dinero, usamos siempre **How much?**

Por ejemplo: *(doz)*   *(kost)*
            How much does the room cost?
                 costar

o simplemente   **How much is the room?**

Si usted quiere ducharse lo mejor es que esté seguro de preguntar lo siguiente cuando se registre en el hotel.

(ken)   *(cho)*
Can you show me how to use the shower?
       enseñar   como   usar

Practíquela, o usted puede tener una terrible impresión cuando se duche.

Vamos a ver si usted recuerda algunas de las cosas que hemos hecho hasta ahora. Hágase la pregunta de la izquierda, mire el grabado y escriba la contestación a la derecha:

What is it? **It is a sink.**

1. _____

 2. _____

 3. _____

 4. _____

 5. _____

 6. _____

 7. _____

Who is it?  **It is a guest.**

 1. _____

 2. _____

Trace una línea de la pregunta de la columna 1 a la contestación apropiada en la columna 2:

1. **What is it?**   A. **Robert**

2. **How many nights are you staying?**   B. **My family is with me.**

3. **Where do you live?**   C. **I live in New York.**

4. **How many dressers are there?**   D. **There is one.**

5. **When are the suitcases arriving?**   E. **It is a shower.**

6. **Who cleans the room?**   F. **Tomorrow.**

7. **What is his name?**   G. **The cleaning lady.**

8. **Why do you want a large room?**   H. **One.**

¿Puede leer esta historia en voz alta y entender lo que quiere decir?

When the taxi arrives at the

hotel, the guest pays and gets out.

(t'ru)
He enters the hotel through the
                  por   la

door. At the check-in desk he

speaks with the clerk.

He says that he wants a room with a single bed. The clerk gives him the
                                       da   le

(teiks)
key and the guest takes the elevator. When he arrives at his floor, he enters his
        toma

(ARM-cher)
room. In the room there is a bed, a dresser, and an armchair. In the bathroom
                                    sillón

(jot) (UA-ter)
there is a toilet, a bathtub, a mirror, and a shower. But there is no hot water.
                               Pero   caliente agua

RESPUESTAS

Pares: 1.E 2.H 3.C 4.D 5.F 6.G 7.A 8.B

Conteste: *(tru)* **TRUE** **or** *(fols)* **FALSE**
cierto   o   falso

1. The guest arrives home. _____

2. He speaks to the clerk. _____

3. The guest wants a room with a view. _____

4. The guest takes the elevator to his floor. _____

5. There is hot water in the room. _____

¿Puede usted expresar las siguientes frases en inglés?

1. Pasa una noche en el cuarto. _____

2. Toma el ascensor. _____

3. Baja del taxi. _____

4. Lleva las maletas. _____

5. Habla con la mucama. _____

SEEING THE SIGHTS
(SI-ing)   *(saits)*

Vamos a visitar los puntos de interés

3	*(FAIN-ding)* *(yor)* *(uei)* *(fut)* ## Finding Your Way on Foot Por la ciudad a pie

"¿Cómo llego a . . . " "¿Dónde está la estación de tren más cercana?" "¿Está el museo derecho hacia adelante?" Usted preguntará direcciones y recibirá contestaciones dondequiera que usted viaje. Conozca las palabras y las frases que le ayudarán a llegar a los lugares más fácilmente.

Escriba las nuevas palabras y dígalas en voz alta varias veces:

(strit)
ON THE STREET
En la calle

straight
derecho

María y Juan, dos turistas españoles, acaban de salir de su hotel para su primer paseo por la ciudad. Aunque ellos tienen un plano de la ciudad (**map of the city**), ellos deciden preguntarle direcciones al policía de la esquina.

city block
la manzana

to the left
a la izquierda

JUAN *(al policía)*
(juer)
Excuse me, where is
dónde
(miu-ZI-em)   *(art)*
the Museum of Art?
Museo de Arte

(OF-is)
post office
el correo

to the right
a la derecha

POLICÍA
(streit)
Go straight ahead

(IN-ter-sec-chon)
intersection
la bocacalle

27

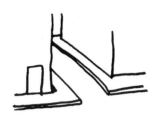

(e-LONG) *(strit)* *(TRA-fek)* *(lait)*
along this street up to the traffic light.
hasta   semáforo

corner
la esquina

(ken-TI-nyu)
Then, turn left and continue to the post
doble   siga

office. At the corner by the post office,
correo

(tu) *(mor)* *(blaks)*
turn left and continue two more blocks.
dos

(FAR-ma-si)
pharmacy
la farmacia

(e-GUEN) *(for)*
Turn left again and continue four more
otra vez   cuatro

blocks. Then turn left again and continue

(iz) *(yor)*
one more block. The museum is on your
está   su

traffic light
el semáforo

left.

María y Juan caminan siguiendo las direcciones con cuidado. Después de media hora María exclama:

(t'is)
"But, Juan, this is the hotel!"
éste

WHERE ARE THE PEOPLE AND THINGS?
¿Dónde están la gente y las cosas?

Llene los espacios con las nuevas palabras y dígalas en voz alta:

(kat)
the cat
el   gato

(TEI-bel)
the table
la   mesa

_____

_____

on
en

(nir)
near
cerca de

far from
lejos de

_____

_____

_____

28

in front of delante de 	*(bi-JAIND)* **behind** detrás de	*(nekst)* **next to** junto a 

Para decir dónde están las personas o las cosas, usemos las expresiones de los grabados anteriores.

The cat is on the table.
The cat is near the table.
The cat is far from the table.

¿Puede decir en inglés dónde está el muchacho en los grabados siguientes? Escriba las contestaciones en los espacios.

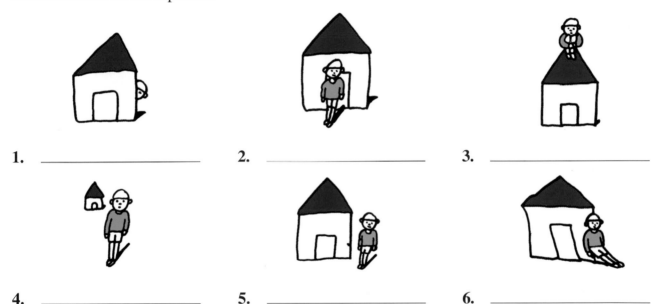

1. _____

2. _____

3. _____

4. _____

5. _____

6. _____

Ahora trate de decir oraciones completas para describir los mismos grabados. Siga los mismos modelos que usamos para describir la posición del gato.

En inglés, algunas palabras son nombres o verbos.

Por ejemplo, **walk** = caminar o andar, y también **walk** = paseo o caminata

drink = beber, y también **drink** = bebida

"Ando" en inglés se dice   **I walk.**
                                     I take a walk.
                                     I go for a walk.
"Bebo" en inglés se dice   **I drink.**
                                     I have a drink.

Aquí hay algunos cuadros. Llene los espacios en blanco con las formas correctas de los verbos.

           (uok) *(e-LONG)*   *(strit)*   *(Luk)*   *(PIK-cher)*
go for a walk along the street   **look at the picture**
andar   por   calle   mirar   el   cuadro

1. (They) _____   2. (We) _____

(drink)   *(milk)*
drink the milk   **walk**
beber   leche   caminar

3. (They) _____   4. (She) _____

(smok) *(si-ga-RETS)*
smoke cigarettes
fumar   cigarrillos

(nak)
knock on the door
llamar a la puerta

5. (They) _____

6. (He) _____

Al describir a las dos mujeres en el primer cuadro, puede decir

> **They go for a walk.**
> **They take a walk.**

o simplemente **They walk.**

Al describir a los dos niños en el tercer cuadro, puede decir

> **They drink the milk.**
> **They have a drink of milk.**

En inglés, a menudo decimos **have** cuando en español usamos el verbo "tomar."

Mire de nuevo el segundo cuadro. En español, decimos "Miramos el cuadro." Pero en inglés, decimos **We look *at* the picture.** Es necesario siempre usar **at** con el verbo **to look** cuando miramos alguna cosa. Y en español, andamos *por* la calle, pero en inglés, **We walk *along* the street.**

¿Puede traducir estas frases?

1. Los niños caminan por la calle.

_____

2. María mira las maletas.

_____

3. Yo ando por la calle.

_____

31

Subject Pronouns

(SOB-chekt) *(PRO-nauns)*

Pronombres sujetos (personales)

1. I *(ai)*

2. John = *he* *(ji)*

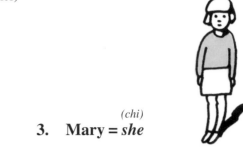

3. Mary = *she* *(chi)*

4. Who are *you*? *(ju)* *(yu)*

5. Joseph. Joseph and I = *we*. *(ui)*

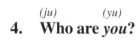

6. Ann. Ann and I = *we*.

7. Frank and Peter = *they*. *(t'ei)*

8. Rose and Susan = *they*.

9. Rose and you = *you*.

En inglés, usamos **they** y **we** para hombres o para mujeres, y usamos **you** para todos. Cuando hablamos de una cosa, usamos **it**. A menudo los pronombres (yo, tú, ella, él, nosotros, ellos, etc.) no se usan en español. *Sin embargo en inglés es necesario porque la forma verbal tiene la misma terminación, exceptuando la tercera persona singular.*

How to Point Out Things in English

(point) *(t'ingz)*

Cómo indicar las cosas en inglés

Palabras como **This** y **That** son importantes de conocer. Las formas en inglés para estas palabras varían según señalen una cosa o más de una.

ESTE	y	ESTOS = **THIS and THESE**	
este libro	**this** book	*estos* libros	**these** books
esta casa	**this** house	*estas* casas	**these** houses

32

ESE	y	ESOS = THAT and THOSE	
ese libro	**that** book	*esos* libros	**those** books
esa casa	**that** house	*esas* casas	**those** houses

Escriba la forma correcta delante de cada palabra. Usted siempre necesitará recordar que las palabras que va a usar deben tener la misma forma—singular o plural—de las palabras que las acompañan.

Primero practique con las formas de **this** y **these**:

1. _____ cat   3. _____ house   5. _____ hotel   7. _____ lady *(LEI-di)*
                                                            señora

2. _____ keys   4. _____ boy   6. _____ drink   8. _____ mirrors *(MI-rors)*
                                                          espejos

¡Fantástico! Ahora vamos a practicar con las formas de **that** y **those**:

1. _____ sister   3. _____ coffee   5. _____ uncle   7. _____ beds

2. _____ rooms   4. _____ grandfather   6. _____ cousins   8. _____ daughter

Escriba la forma correcta de los pronombres sujetos en estas frases.

1. _____ is in the house. (the boy)

2. _____ is in the house. (the cat)

3. _____ are in the house. (the mother and the daughter)

4. _____ are in the house. (the father and the son)

5. _____ are in the house. (you and I)

6. _____ is in the house. (Ann)

Useful Words

(IUS-ful) *(uerdz)*

Palabras útiles

(MU-vi) *(T'l-e-ter)*
movie theater
el cine
_____

market
el mercado
_____

bank
el banco
_____

church
la iglesia
_____

(SAID-wok)
sidewalk
la acera
_____

store
la tienda
_____

(bai)
to buy
comprar
_____

(NUZ-stand)
newsstand
el quiosco
_____

¿Aprendió la nuevas palabras de los grabados que están al principio de la página? Si es así, usted puede fácilmente comprender este pequeño cuento.

The Gonzalez family is walking on the sidewalk. The father wants to buy a
(NUZ-pei-per)
newspaper at this newsstand and the mother wants to look at those stores. The
(CHIL-dren)
children of this family are walking next to their mother. On the street

junto

there are a movie theater and a bank. The daughter, Teresa, and the son, Mark,
(frut)
buy fruit at this market. The father is smoking a cigarette, but the mother and the children
(CON-tri-said)
don't smoke. The family's house is not near. It is far away, in the countryside, near a church.

Vamos a practicar algunas preguntas ¿Cierto o Falso? más. ¿Recuerda? *True/False*

1.   **The family is walking through the countryside.** _____
2.   **The father buys a newspaper at the newsstand.** _____
3.   **The mother looks at a picture.** _____

RESPUESTAS

Cierto/Falso 1. False   2. True   3. False

34

MARIA	*(teik)* *(REI-di-o)* **Let's take a taxi to Radio City.** Vamos a tomar un taxi al teatro Radio City.
JUAN	**No, it costs a lot.** No, cuesta mucho.
MARIA	*(SAB-uei)* **Then, let's take the subway.** Entonces el metro
JUAN	*(un-COM-for-ta-bel)* **No, it is uncomfortable.** No, es incómodo
MARIA	**Then, let's take the bus.** Entonces el autobús

JUAN	**O.K., let's go!**
	Bien vamos.

Suben al autobús

		(raid)
JUAN	**Excuse me. How much does it cost to ride the bus?**	
	Cuánto cuesta	

	(tu DAlers)
DRIVER	**Two dollars.**
El Conductor	Dos dólares.

JUAN	**We are getting off at Radio City.**
	Bajamos

		(no)
DRIVER	**O.K. I'll let you know when we get there.**	
	Muy bien les diré cuando lleguemos allí.	

	(nais)
JUAN	**How nice these New Yorkers are!**
	¡Qué cortés la gente de Nueva York!

Para decir "vamos a" en inglés, usamos la expresión **Let's** con el infinitivo: por ejemplo, "vamos a tomar"—**let's take;** "vamos a comer"—**let's eat.**

Llene los espacios en blanco con las palabras que faltan, después de leer la conversación.

Let's _____ **a taxi to Radio City.**

No, _____ **a lot.**

Then, let's take _____ .

No, it is _____ .

O.K., let's go

Excuse me _____ **does it cost?**

_____ **at Radio City on Sixth Avenue.**

_____ **when we get there.**

How nice _____ !

Useful Words

Palabras útiles

(it)
to eat
comer

_____

(drink)
to drink
beber

_____

(ran)
to run
correr

_____

(CHOK-let)
chocolate bar
la barra de chocolate

_____

(SO-da)
soda, soft drink
la gaseosa

_____

(kech)
to catch
coger

_____

Usted habrá notado que aunque los tres verbos anteriores son de la segunda conjugación en español, en la conjugación de los verbos en inglés no hay diferencia—todos pertenecen a la misma conjugación. De hecho cuando usted aprende que la tercera persona singular añade una **s** a la raíz (forma verbal) y que todas las otras formas solamente usan la raíz (con un pronombre personal), usted ha aprendido todo lo que tiene que aprender sobre los verbos regulares en el tiempo presente.

Tendremos más que decir sobre los verbos irregulares en las próximas lecciones.

I eat
He _____

I drink
She _____

I run
They _____

Question Words

Preguntas

Como turista, usted probablemente hará muchas preguntas sobre adónde ir, cómo llegar allí, cuánto cuesta, etc. Practique estas preguntas y dígalas en voz alta:

(ju)
Who? = ¿quién?

(jou)
How? = ¿cómo?

(juat)
What? = ¿qué?

(moch)
How much? = ¿cuánto?

37

(juen)
When? = ¿cuándo?

(juai)
Why? = ¿por qué?

(juer)
Where? = ¿dónde?

Trate de usar estas palabras en las frases siguientes:

1. _____ does the train leave?

2. _____ can't we go to San Francisco?

3. _____ is that man?

4. _____ is in this box?
   caja

5. _____ does this cost?

6. _____ are you, Jane?

7. _____ is the hotel?

TALKING TO THE CONDUCTOR
Hablando con el conductor

(tíket)
to buy a ticket
comprar un billete

line (para subir al autobús)
la cola

bus stop
la parada

Nota: Según el país y aun la ciudad donde usted esté, se pueden usar fichas o billetes en los transportes públicos. Una de las primeras cosas que usted debe hacer cuando llegue a una nueva ciudad es comprar un plano de la ciudad (**a map of the city**) para poder encontrar los lugares que usted necesite pero, ¿adónde va para conseguir uno? Pues, al **bookstore** o al **newsstand**, donde tendrá que pagarlo. Si usted es arriesgado y osado, usted querrá probar el **subway**. A la entrada (**entrance**) encontrará un plano grande de la ciudad que le enseñará las rutas del metro y los nombres de las estaciones. Si usted no quiere quedarse atascado en el **subway** de por vida, mejor es que aprenda esta importante palabra: EXIT (**salida**). Pero aquí están algunas frases prácticas que es probable que necesite usar mientras viaje por la nueva ciudad en autobús.

(TI-quet)
ticket
el billete

Metrocard
la tareta de metro

Practique, escribiéndolas y repitiéndolas en voz alta.

Where is the bus stop?
parada del autobús

_____

(raid)
How much does a ride cost?
pasaje

_____

(nid)
Do I need a ticket or Metrocard?
Necesito

_____

Where do I buy a ticket or Metrocard?

_____

(chou)   *(jau)*   *(yus)*
Can you show me how to use the Metrocard?
Puede   mostrarme   usar

_____

(long)
The line is very long.
larga

_____

(jev)   *(weit)*
Do you have to wait long?
Es necesario   esperar mucho

_____

(juen)   *(nekst)*
When is the next bus coming?
Cuándo   próximo

(shud)   *(guet)*   *(nau)*
Should I get out now?
Debo   ahora

Identifying Yourself and Others

Identificarse a sí mismo y a los demás

Usted seguramente quiere que la gente sepa quién o qué es usted, ¿verdad? Para identificarnos, identificar a los demás y las cosas, nosotros usamos el verbo ser (**to be**). El diagrama debajo enseña las distintas formas del verbo que queremos aprender. Verá que estas palabras no siguen la forma usual de los verbos que hemos aprendido. Son muy diferentes. Son palabras tan importantes y básicas que usted querrá practicarlas, escribiéndolas en los espacios en blanco. Recuerde decirlas en voz alta hasta que esté familiarizado con ellas, y después escríbalas en los espacios en blanco.

TO BE	
I am	**We are**
You are	**You are**
He	
She ⎫ **is**	**They are**
It ⎭	

I _____   We _____

You _____   You _____

He _____

She _____   They _____

It _____

¿Puede usted identificarse usando **I am** más el adjetivo descriptivo de la derecha? En español generalmente no usamos "un" o "una" en estos casos. *Pero en inglés es necesario.* Por ejemplo:

I am a tourist.

I am + **a tourist**
turista

I am + **a man,** *(man)*
hombre

a guest

a woman *(UO-men)*
mujer

a foreigner *(FA-ren-er)*
extranjero

an artist *(AR-tist)*
artista

40

Imagínese que usted y un amigo están en Nueva York. Trate de identificarse (Nosotros somos...) usando las mismas palabras de la lista anterior. Recuerde que empezamos con **we are** y que las identificaciones serán en plural, pero en inglés la terminación de las identificaciones será la misma para masculino y femenino; por ejemplo, **We are tourists.** Ahora practique lo mismo mientras habla con otras dos personas—Marcos y María, por ejemplo.

Vea si puede usar la forma correcta del verbo **to be:**

1. **We** _____ **tourists.**

2. **The women** _____ **Americans.**

3. **We** _____ **foreigners.**

4. **He** _____ **American.**

5. **They** _____ **tourists.**

6. **Mary, you** (negativo) _____ **Spanish.**

TO GO	
I go	**We go**
You go	**You go**
He **She** **It** } **goes**	**They go**

I _____	We _____
You _____	You _____
He _____	
She _____	They _____
It _____	

Ahora, vea si puede completar las siguientes oraciones con la forma correcta del verbo **to go:**

1. **We** _____ **to the museum.**

2. **She** _____ **to the market.**

3. **You** _____ **to the bank.**

4. **I** _____ **to the hotel.**

5. **They** _____ **home.** (aquí no se usa "to")

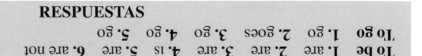

RESPUESTAS

To be 1. are 2. are 3. are 4. is 5. are 6. are not
To go 1. go 2. goes 3. go 4. go 5. go

41

GOING, GOING...

Cuando hablamos en inglés en una conversación, el verbo **to go** (ir) es usualmente usado en el tiempo presente progresivo (acción pasando en el momento) cuando uno está actualmente viajando o yendo a alguna parte. En estos casos, el verbo aparecerá como:

the bank   **the church**

PROGRESSIVE TENSE

I am going   I _____

You are going   You _____

He is going   He _____

She is going   She _____

It is going   It _____

the hotel

the house

We are going   We _____

You are going   You _____

They are going   They _____

the museum

the movie theater

the market

Así, voy = I go o I am going.

y vamos = _____ o _____   van = _____ o _____

Ahora, un cuento muy interesante.

(spein)

Juan and María are in New York. They are tourists—they are from Spain. They
de España

(LI-tel)

speak little English. They go to the bus stop and they wait on line. When the bus
poco   a   en la cola

(guet) (an)   *(of)*

arrives, they get on. They get off at the bus stop in front of the museum. They go
suben   bajan   delante del

in and they look at the paintings. Afterwards they go to the subway entrance.
        miran   cuadros   Después   entrada

They look at the map of the city and they buy two Metrocards and go to a supermarket
                                                                    supermercado

near their hotel. There they buy fruit and milk.
                                leche

Haga un círculo en las palabras correctas para completar la oración.

                            are
1. Juan and María is   from Spain.
                            am

                      little
2. They speak good English.
                       no

                      goes
3. They go   to the bus stop.
           is going

To take the bus.
Tomar el autobús.

                      in the bedroom.
4. They wait on line.
                      in the bank.

                      behind   Metrocards.
5. They get out far from the museum.   7. They buy two tickets.
                  in front of   paintings.

                  the back   the restaurant.
6. They go to the entrance of the subway. 8. They go to the movies.
              the exit   the supermarket.

Revise su conocimiento del transporte público con estas preguntas.

1. ¿Qué dos clases de cosas necesita usted comprar algunas veces para usar transporte público?

a _____   a _____

2. La entrada del metro en inglés se llama _____

3. Para salir del subway es mejor mirar el letrero que dice _____

4. ¿Dónde puede coger el autobús? At the _____

¿Sabe usted qué forma de **TO BE** o **TO GO** debe usar en estas oraciones?

1. Ann and I _____ tourists.

2. She _____ American.

3. I _____ to the market.

4. We _____ women.

5. We _____ to the movies.

6. I _____ a foreigner.

7. You _____ men.

Imagínese que se está preparando para ver la gran ciudad. ¿Puede usted expresar las siguientes ideas en inglés?

1. ¿Dónde está la parada del autobús? _____

2. ¿Cuándo llega el próximo autobús? _____

3. ¿Dónde está la salida (entrada)? _____

4. ¿Es necesario comprar una tarjeta? _____

5. ¿Cuánto cuesta? _____

6. ¿Debo bajar ahora? _____

¿QUÉ HORA ES?

What time is it?

Ahora estamos listos para empezar a decir la hora.

(TO-ki-o) **Tokyo**	(EN-ker-ech) **Anchorage**	(Nu YORK) **New York**	(PA-ris) **Paris**	(MOS-kau) **Moscow**

(nain) (o-KLOK) **nine o'clock**	(t'ri) **three o'clock**	(eit) **eight o'clock**	(uan) **one o'clock**	(t'ri) **three o'clock**

Pero antes de poder decir la hora, necesitamos aprender a contar en inglés:

How to Count in English
(caunt)

Cómo contar en inglés

Una de las prácticas más necesarias para comunicarse en cualquier lengua es la de contar y usar el sistema numérico con habilidad.

Aquí están los números del uno al veinte. Léalos en voz alta para familiarizarse con ellos. Después escríbalos.

1. **one** *(uan)* _____

2. **two** *(tu)* _____

3. **three** *(t'ri)* _____

4. **four** *(foar)* _____

5. **five** *(faiv)* _____

6. **six** *(siks)* _____

7. **seven** *(SE-ven)* _____

8. **eight** *(eit)* _____

9. **nine** *(nain)* _____

10. **ten** *(ten)* _____

11. **eleven** *(i-LE-ven)* _____

12. **twelve** *(tuelv)* _____

13. **thirteen** *(TER-tin)* _____	**17.** **seventeen** *(SE-ven-tin)* _____
14. **fourteen** *(FOR-tin)* _____	**18.** **eighteen** *(El-tin)* _____
15. **fifteen** *(FIF-tin)* _____	**19.** **nineteen** *(NAIN-tin)* _____
16. **sixteen** *(SIKS-tin)* _____	**20.** **twenty** *(TUEN-ti)* _____

Lea los números varias veces hasta poder decirlos con facilidad. Después vea si puede contar del 1 al 5 sin mirar el libro. ¡Mire si los sabe o no los sabe! Ahora haga lo mismo del 5 at 10. ¿Puede hacerlo del 1 al 10? Haga lo mismo del 10 al 15, después del 15 al 20 y del 10 al 20. ¡Estupendo! ¿Pero puede contar todo el grupo del 1 al 20? Trate de contar de cinco en cinco hasta veinte.

More Numbers

Más números

Aunque hay muchos más números que aprender, usted ya ha visto la parte más difícil, porque el resto de los números sigue el modelo como en español: después del 20 simplemente añadimos del 1 al 9:

twenty-one	**twenty-four**	**twenty-seven**
twenty-two	**twenty-five**	**twenty-eight**
twenty-three	**twenty-six**	**twenty-nine**

Los próximos diez números empiezan con un nuevo número: *(T'IR-ti)* **thirty** (30). Continúe, simplemente añadiendo del 1 al 9: 31, 32, 33, 34, 35, 36, 37, 38, 39. Los próximos diez empiezan con *(FOR-ti)* **forty** (40); añada del 1 al 9 otra vez: 41, 42, 43, 44, 45, 46, 47, 48, 49, y después viene *(FIF-ti)* **fifty** (50). Ahora usted sabe que será: 51, 52, 53, 54, 55, 56, 57, 58, 59, y después *(SIX-ti)* **sixty** (60).

Traduzca el inglés y después vea el dibujo para verificar.

It is ten after six.	**It is twenty after seven**	**It is twenty-one to nine**
_____	_____	_____

46

It is one fifteen	It is two thirty	It is three forty-five
_____	_____	_____
It is quarter past one	It is half past two	It is quarter to four
_____	_____	_____

Ahora estamos listos para aprender cómo decir la hora.

¡Decir la hora en inglés es muy fácil! Cada vez que es la hora exacta, se dice **It's ___ o'clock,** completando con **one, two, three, four, five, six, seven, eight, nine, ten, eleven** o **twelve** antes de **o'clock.** Cuando tenemos minutos después de la hora, solamente decimos **It's ___ after ___,** colocando el número de minutos después de cualquier hora. Por ejemplo, 1:10 = **It's ten (minutes) after one,** o 4:20 = **It's twenty after four,** y así sucesivamente. Cuando es antes de la hora, es un poco más difícil: Diga **It's ___ to ___,** colocando el número de minutos que faltan para la próxima hora. Por ejemplo, **It's twenty _to_ one, It's five _to_ three.**

It is twelve o'clock a.m.

_____

(MID-nait)
It is midnight.

_____

It is twelve o'clock p.m.

_____

(nun)
It is noon.

_____

Los norteamericanos son famosos por usar algunas expresiones muy familiares o informales para decir la hora. Cuando es una hora en particular, no es raro oírles decir que **It's one o'clock _on the_**
(noz) _(charp)_ _(dat)_
nose (en la nariz) o **one o'clock sharp** o aun **one o'clock on the dot** (en punto). En cada caso el significado es "exactamente la hora."

Para decir a.m., añadimos lo siguiente a la hora: **in the morning.** Para la tarde (p.m.) decimos:
(ef-ter-NUN)   *(nait)*
in the afternoon. Para indicar las últimas horas de la tarde o la noche, añadimos **at night.**

      Ejemplos: **It is seven o'clock in the morning.**

                          It is five o'clock in the afternoon.

                          It is eleven o'clock at night.

(UA-ches)

Watches

Los relojes

Puede ocurrir un problema al tratar de decir la hora por medio de un reloj digital (1:47) o un reloj con esfera numérica. Con un reloj digital, los números van siempre después de la hora hasta los 59 minutos: 3:59, etc. Usando un reloj de esfera numérica, los norteamericanos darán la hora ***to*** o ***after.*** Por ejemplo, un norteamericano que lêe un reloj digital dirá, **It's 4:50,** pero un empleado usando un reloj de esfera numérica dirá, **It's ten *to* five,** y sabrá que el dia de trabajo está casi terminado—¡qué bueno!

Quizás usted querrá revisar otra vez lo que hemos aprendido sobre *decir la hora.* En seguida que se sienta listo, trate de hacer esto. Coja su reloj o un reloj despertador. Ajústelo para las 7:00 a.m. Entonces díganos qué hora es. Asegúrese de usar a.m.

Adelante el minutero con intervalos de cinco minutos y díganos cómo diría la hora. Haga esto (siempre con intervalos de cinco minutos) hasta las 8:00 a.m. ¿Puede hacer lo mismo con la 1:00 p.m.? Esta vez adelante el minutero con intervalos de quince minutos.

Ahora, trate de decir algunas de las horas que hemos aprendido, usando estos números. Debe ser fácil escribirlas ahora.

1. 2:24 _____
2. 3:58 _____
3. 4:12 _____
4. 5:30 _____
5. 6:15 _____
6. 7:45 _____

7. 8:20 _____
8. 1:14 _____
9. 9:17 _____
10. 10:35 _____
11. 11:01 _____
12. 12:13 _____

MAN **Excuse me, sir. What time is it?**
Perdón.　　　　　　¿Qué hora es?

(PIK-po-ket)
The pickpocket
carterista

JUAN **It's midnight.**
medianoche

(lait)
MAN **How can that be? It's still　light out!**
¿Cómo?　　　　　todavía　claro afuera

(rait)
JUAN **You are right. It must be noon.**
mediodía

MAN **That's more like it.* Are you feeling OK?**
bien

(chust)
JUAN **Yes, it's just that I am from Spain and my English is not too good.**
es solo que

(tuelv)
MAN **Well, at twelve noon it is daytime, and at twelve midnight it is dark.**
obscuro

Remember that! By the way, do you want to buy a watch? They are

(ek-SPEN-sive)
not expensive.
caros

*Expresión que significa "Eso está mejor."

RESPUESTAS

1. twenty-four minutes after two 2. twelve minutes to four 3. twelve minutes after four 4. five thirty 5. six fifteen 6. seven forty-five 7. twenty minutes after eight 8. fourteen minutes after one 9. seventeen minutes after nine 10. twenty-five minutes to eleven 11. one minute after eleven 12. thirteen minutes after twelve.

JUAN	**No, thank you. I have one. But. . . it is lost!**
	perdido

MAN	**Here it is. I am an honest pickpocket!**
	honrado

Remember
Recuerde

When you travel, you can get confused.

(IES-ter-dei)   *(tu-DEI)*
Yesterday, Washington, DC. Today,
ayer   hoy

(tu-MO-ro)
Boston. Tomorrow, Chicago.
mañana

Where are we now?

El día después de hoy

es _____

El día antes de hoy

es _____

Y el día antes de mañana

es _____

    A los quince minutos **to** (para) o **after** (después) de la hora, los americanos dirán **a quarter**
                                                      (jef)
(cuarto) después o para la hora, pero nadie dirá *one half* cuando es treinta minutos después o
para la hora. Ellos usualmente dirán **thirty**—solamente algunas personas dirán **half past** la hora.
Por ejemplo, se dice **six-thirty, three-thirty,** o **half past six, half past three.**

4:30 _____ 4:15 _____ 4:45 _____

En los Estados Unidos dar la hora con reloj de 24 horas (son las 14:20 o las 21:15, etc.) se usa raramente. Por supuesto, para decir la hora usamos solamente hasta el número 60, pero es bueno añadir aquí que para decir 70 se dice **seventy,** *(SE-ven-ti)* para 80, **eighty,** *(EI-ti)* y para 90, **ninety.** *(NAIN-ti)* De los cientos hablamos luego. Diga estos números:

1. 45	**2.** 27	**3.** 94	**4.** 68
5. 22	**6.** 36	**7.** 53	**8.** 71

Contractions
(kon-TRAK-chens)

Contracciones

A diferencia del español, hay muchas contracciones en inglés, y casi todas se indican con apóstrofe (') para señalar las letras que faltan.

Por ejemplo:

(aim)
I am = I'm

(ets)
it is = it's

(yur)
you are = you're

(uir)
we are = we're

(chis)
she is = she's

(t'er)
they are = they're

(jis)
he is = he's

y en el negativo:

is not = isn't

does not = doesn't

are not = aren't

do not = don't

Trate de escribir estas contracciones:

1. I am = _____
2. I do not = _____
3. You do not = _____
4. He is = _____
5. She is not = _____

6. They are = _____
7. They are not = _____
8. We are = _____
9. I am not = _____
10. It is = _____

Another Verb

Un verbo muy importante en inglés es **TO HAVE** (tener).

A continuación puede ver las distintas formas de este infinitivo.

(jev) TO HAVE	
I have	**we have**
you have	**you have**
he *(jes)*	
she } **has**	**they have**
it	

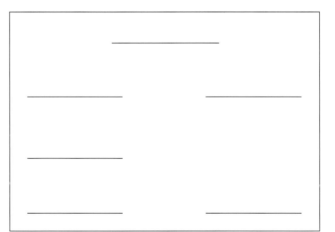

Llene los especios en blanco con la forma correcta de **TO HAVE.**

1. I do not _____ a watch.

2. Do you _____ $10.00?
   (ten) (DA-lerz)

3. We _____ a room in the hotel.

4. She _____ a chocolate bar.

5. He _____ a country house.
   (KON-tri) (jaus)
   una casa de campo

52

¿Puede contestar estas preguntas?

1. Do you have your suitcases?

2. Do you have a house in the country?

3. Do you have a watch?

4. Do you have a cat?

Ordinal Numbers
Números ordinales

Escriba en español los números, enseñando el orden de los pisos y dígalos en voz alta.

(florz)   *(BIL-ding)*
The floors of the building
los   pisos   del   edificio

Cuando usted tome el ascensor en el hotel, usted verá que los botones siempre tienen el número del piso, pero para la planta baja a veces dice: **GROUND.**

(naint')
ninth

(SE-vent')
seventh

(fift')
fifth

(t'erd)
third

(first)   *(ground)*
first o ground floor
planta baja

(tent')
tenth

(eit')
eighth

(sikst')
sixth

(fort')
fourth

(SE-kend)
second

(po-ZE-chun)

Possession

Posesión

Describir la posesión en inglés es muy diferente del español, y ¡mucho más fácil!

Solamente añadimos **'s** al nombre de la persona que posee la cosa:

(tai) *(CHIL-drenz)* *(po)*

Mary's dress, John's tie, the children's room, the cat's paw.

Practique éstos:

1. El libro de Juan _____

2. La casa de María _____

3. Las maletas de Ricardo _____

4. Las plumas de Marta _____

En los casos donde los nombres plurales terminan con **-s**, solamente añadimos el apóstrofe:

the boy's books, the ladies' room, the tourists' hotel.

It's my suitcase.
mi

No, it's not your suitcase.
su

Mine and Yours

Mi y su

(mai) *(main)* *(yor)*

Por supuesto, también tenemos palabras posesivas en inglés como **my** **(mine), your**

(yorz) *(jis)* *(jer)* *(jerz)* *(aur)* *(aurz)* *(t'er)* *(t'erz)*

(yours), his, her (hers), our (ours), y **their (theirs).** Lo importante aquí es recordar que la concordancia va con la persona que posee algo y no con la cosa que se posee. Por ejemplo, un perro que pertenece a un hombre debe ser **his** dog, pero el mismo perro, cuando pertenece a una mujer, debe ser **her** dog (Lo mismo será si tienen más de un perro—**his dogs, her dogs**—por no haber concordancia con adjetivos ni en género ni en número.)

Mire el próximo cuadro:

my (mine) = mi (mío)

your (yours) = tu, su (tuyo, suyo)

his = su (suyo)

her (hers) = su (suyo)

its = su (suyo)

our (ours) = nuestro

their (theirs) = su (suyo)

NOTA: Las seis formas inglesas *nunca cambiarán* para concordar con el género y el número (singular o plural) de la cosa poseída. La única vez que se usa la forma en paréntesis es cuando la palabra se usa como un pronombre posesivo:

I have my hat, you have yours.

Yo tengo mi sombrero, tú tienes el tuyo.

Usted deberá entender la siguiente historia:

"What time is it?" the father asks his daughter.
pregunta

"It's three o'clock," says the daughter.
dice

"When are you leaving for Chicago?"
sale   para

she asks her father.

"At twenty after five," he answers.
contesta

Llene los espacios en blanco:

The daughter asks _____ father a question.

He leaves for Chicago at _____.

What time is it?

Traduzca las frases siguientes al inglés:

1. mi hijo = _____ **son**

2. tu billete = _____ *(TI-quet)* **ticket**

3. su abuela = _____ o _____ o _____ o _____ **grandmother**

4. nuestra casa = _____ **house**

¿Puede decimos a qué hora usualmente hace usted lo siguiente? Empiece con **AT** (a las):

levantarse **I get up at** _____   almorzar **I have lunch at** _____

terminar el trabajo **I finish work at** _____   cenar **I have dinner at** _____

acostarse **I go to bed at** _____

(REIL-rod)   *(STEI-chen)*

Railroad Station

La estación de ferrocarril

Viajar en tren en países extranjeros puede ser una experiencia agradable cuando los trenes son

cómodos, rápidos y ofrecen buenas conexiones. En los Estados Unidos el tren **express,** por

(eks-PRES)

expreso

supuesto, es más rápido y tiene pocas paradas. Los trenes no tienen primera y segunda clase, pero

(koch)   *(kam-PART-ment)*   *(SLI-ping)*

en algunos trenes usted puede escoger entre un **coach** y un **compartment** con una **sleeping**

litera

(bert´)

berth. The **compartment** es más caro pero también más cómodo.

(TI-quet) (UIN-do)

Cuando usted ha comprado su billete en la **ticket window** necesita mirar con cuidado para ver el

taquilla

(BOR-ding)   *(PLAT-form)*   *(DAI-ning) (kar)*

número de su **boarding platform.** Los mejores trenes tienen un **dining car;** otros tienen un

andén   coche comedor

(snek)   *(bar)*

snack bar. En algunos casos se sirven comidas completas y deliciosas en su mismo asiento. En

bar

viajes largos, usted debe **check** su **luggage** en el **baggage car,** y un empleado guardará su

facturar   equipaje   furgón

57

equipaje durante el viaje. Usted debe enseñarle su **receipt** *(ri-SIT)* para conseguir su equipaje cuando

talón

llegue a su **destination.** *(de-sti-NEI-chen)*

destino

Marcos, María, y sus hijos están de viaje de Nueva York a Chicago, y llegan a la estación para coger su tren.

MARIA
Finally here we are at Grand Central Station! Do we take an express *(FAI-ne-li)*

Por fin   cogemos

train to Chicago? *(chi-KA-go)*

MARCOS
Yes. *(To the clerk)* **How much does a round-trip ticket to Chicago** *(raund) (trip)*

cuánto   de ida y vuelta

cost? We are four people.

CLERK
Do you want a direct train?

directo

MARCOS
Yes, please.

CLERK
Sleeper or coach?

litera

MARCOS
Coach, please.

El empleado le dice el precio: **(the price)**.

MARCOS
When does the train leave?

CLERK
It leaves at 11:30 A.M. sale

Si usted no va en **direct train,** usted tendrá que hacer conexiones con otro tren. Para un viaje

largo siempre sería inteligente hacer una reservación en una **travel agency** *(EI-chen-si)* (agencia de viajes) y también algunas veces en su hotel podrán hacer todos los arreglos de viaje para usted.

58

¿Puede recordar la mayoría de las palabras y expresiones que puede necesitar para viajar en tren? Vamos a ver. Llene los espacios en blanco.

1. La ciudad adonde va se llama su _____.

2. Si el viaje es largo y usted quiere dormir cómodamente, ¿qué debe reservar? A _____.

3. ¿Dónde se guarda su equipaje en un viaje largo? In the _____.

4. Si el tren no va hasta el destino final, ¿qué tiene que hacer? _____.

5. Para recoger su equipaje del furgón, ¿qué debe enseñar? The _____.

6. ¿Cómo se dice *billete de ida y vuelta*? A _____ ticket.

Ahora combine las palabras en inglés de la primera columna con sus significados en español de la segunda columna:

1. **ticket window**   A. hacer empalme

2. **to check luggage**   B. coche comedor

3. **to make a connection**   C. taquilla

4. **dining car**   D. equipaje

5. **boarding platform**   E. facturar

6. **luggage**   F. ida y vuelta

7. **round trip**   G. viajar

8. **sleeping berth**   H. andén

9. **to travel**   I. litera

Recuerde, por lo general, no hay mozo de estación.

Taking a Trip

Mire este horario: ¿puede contestar las preguntas que siguen?

(SKE-dyul) **SCHEDULE** el horario					
Departure salida	**Destination**	**Arrival**	**Connection** empalme	**Destination**	**Arrival**
New York 08:00A	*(fi-la-DEL-fi-a)* **Philadelphia**	**10:20A**	**10:52A**	**Chicago**	**10:45P**

1. When does the train leave? At _____

2. When does it arrive in Philadelphia? _____

3. When does the train arrive in Chicago? _____

4. Where do you have to change? _____

5. What time does the other train leave Philadelphia? _____

6. What is your final destination? _____

7. Will it be morning when you arrive in Chicago? _____

Nuestra mente está un poco confusa hoy. Ayúdenos a pensar correctamente colocando las siguientes palabras en el orden apropiado para que tengan sentido.

1. to buy, ticket, I want, a, round trip

2. your, to check, you, luggage, have

3. the, leave, when, does, train?

4. a, Chicago, direct, train, there, is, to?

5. sleeping, want, compartment, I, please, a

6. dining, where, car, the, is?

7. change, do, trains, have, to, we?

More Verbs

Escriba cstos nuevos verbos y aprenda su significado. Son iguales a los aprendidos anteriormente.

(un-der-STAND)	*(lern)*	*(sel)*	*(bai)*	*(TRA-vel)*
to understand	**to learn**	**to sell**	**to buy**	**to travel**
comprender	aprender	vender	comprar	viajar

Por ejemplo:

I understand English, but he understands only Spanish.

We are learning English, and we learn how to say many things.

They sell tickets at the station.

We buy our tickets at the station.

You travel to many places. We are traveling to Chicago.

Another Verb

Aquí tenemos otro verbo importante. Note cómo los verbos terminados en "y" requieren substituir "y" por "ies" para la tercera persona singular.

TO FLY = VOLAR	
I fly	we fly
you fly	you fly
he she it } flies	they fly

Ahora, ¿puede comprender estas oraciones fáciles?

1. I don't understand the schedule.

2. They don't sell chocolate here.

3. We travel by train.

4. He learns a lot.

5. The hotel clerk understands Spanish.

6. Anita goes to her room.

¿Puede llenar los espacios en blanco con los verbos indicados?

1. When we _____ to Chicago, we _____ by airplane. (travel, go)

2. If you do not _____ English, you will not _____ what people say. (learn, understand)

3. They _____ tickets at the theater. (sell)

4. We talk to Mr. Lopez because he _____ Spanish. (understand)

5. Mr. Smith _____ to Washington. (go)

6. Henry _____ a lot in school. (learn)

Additional Verbs

Verbos adicionales

to return o
to come back = volver

to return o
to give back = devolver

En inglés, **return** se puede usar también con personas y cosas y así se traduce "volver" y "devolver."

¿Puede leer estas oraciones en voz alta y comprender su significado?

1. My family comes back tomorrow.
2. At what time do you return?
3. I return the ticket.
4. The porter gives back my suitcases.
5. Shall we come back by train or by bus?

ALL ABOARD!

Todos a bordo

¿Puede escribir las letras que faltan en las siguientes palabras que se relacionan con viajar? Los equivalentes en español están escritos al lado de las líneas para ayudarlo.

Departure
La salida

1. T _ _ _ (tren)
2. D _ _ T _ _ _ _ _ N (destino)
3. CO _ _ _ _ _ _ ON (empalme)
4. B _ _ H (taquilla)
5. B _ _ TH (litera)
6. BA _ _ _ G _ (equipaje)
7. D _ _ R _ _ _ _ (salida)
8. S _ _ T _ _ N (estación)
9. A _ _ _ V _ _ (llegada)
10. S _ _ _ D _ L _ (horario)
11. T _ _ P (viaje)
12. T _ _ K _ _ (billete)

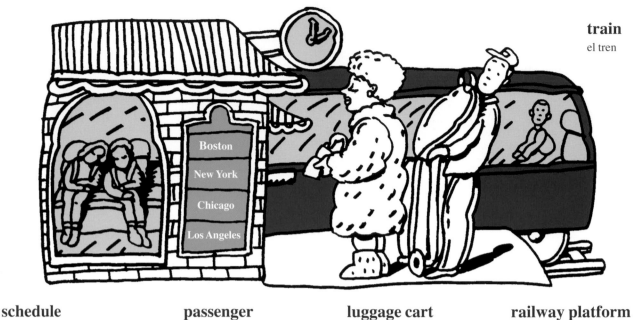

(UEI-ting)
waiting room
la sala de espera

(POR-ter)
porter
el mozo

train
el tren

schedule
el horarío

passenger
el pasajero, la pasajera

luggage cart
la carreta

railway platform
el andén

Progressive Tense

Como el tiempo presente en inglés no traduce la forma progresiva ni las formas enfáticas del tiempo, es necesario añadir el verbo auxiliar **to be** (ser) a los verbos + **-ing.** *Yo hablo* en inglés significa **I speak** o **I am speaking.** Note sin embargo que estas palabras son especialmente necesarias en las preguntas:

He walks to the store. | **He is walking to the store.** | **Is he walking to the store?**

You visit your aunt. | **You are visiting your aunt.** | **Are you visiting your aunt?**

Trate de hacer oraciones y preguntas usando estos verbos:

Ejemplo: **She sells.**   **She is selling. Is she selling?**

1. He reads.   He _____ _____.   _____ he _____?

2. I walk.   I _____ _____.   _____ I _____?

3. We travel.   We _____ _____.   _____ we _____?

4. You learn.   You _____ _____.   _____ you _____?

5. They go.   They _____ _____.   _____ they _____?

TO GIVE = DAR

¿Puede comprender estas oraciones? Dígalas en voz alta.

1. I give a chocolate bar to my daughter.

2. The clerk gives a ticket to the traveler.
    viajero

3. The girls give a flower to their mother.

4. Let's give the baggage check to the porter.

5. You should give a tip to the porter.
    propina

La siguiente historia le enseñará que ha aprendido más de lo que piensa.

Our family arrives at the railroad station. My father goes to the ticket booth and he buys tickets for our train trip. After he pays, the clerk gives the tickets to Dad and we go to
papá

the railway platform. We take the train at two o'clock in the afternoon and we travel to Chicago on an express train.

When we arrive, we get off the train and my father looks for our luggage in the baggage car. He gives the luggage check to the porter but, when the porter gives back our luggage, my father does not give him a tip. I don't

(uai)
understand. Why?
por qué

Because it is not our luggage!
porque

Escriba la forma correcta de los verbos en paréntesis:

1. We don't _____ Spanish. (to understand)

2. Tourists _____ at the ticket booth. (to pay)

3. The porter _____ the luggage to the family. (to give back)

4. You _____ from the United States. (to be)

5. They _____ to the hotel. (to go back)

Countries and Languages

(LEN-gua-ches)

Países y lenguas

¿Tiene ansia de ver el mundo? Si usted tiene pasión de viajar, querrá saber cómo se dicen en inglés todos esos países de sus sueños. Después que haya escrito cada uno, dígalo en voz alta varias veces.

The Countries

(os-TREL-ya)
Australia _____

(CHAI-na)
China _____

(CHER-ma-ni)
Germany _____

(I-ta-li)
Italy _____

(MEX-i-co)
Mexico _____

(spein)
Spain _____

the United States _____

(CA-na-da)
Canada _____

(frans)
France _____

(greit BRI-ten)
Great Britain _____

(cha-PAN)
Japan _____

(RO-cha)
Russia _____

(SUIT-ser-land)
Switzerland _____

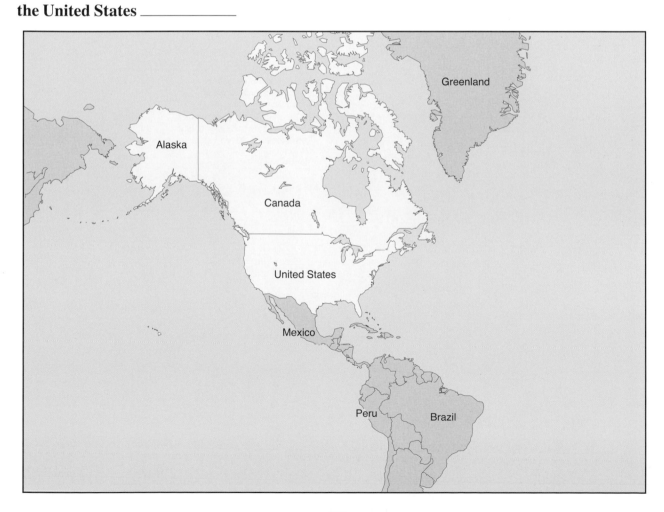

Mire nuestro mapa mundial y trate de encontrar estos países. Para cada uno, hágase esta pregunta:

Where is _____?

Cuando lo localice, responda, **"Here is ......"**

I Speak
Hablo

¿Puede darse cuenta de lo que cada persona en los grabados le está diciendo? Trate de repetir lo que dicen y después escríbalo en los espacios en blanco.

1. I speak English.

(CHER-man)

2. I speak German.

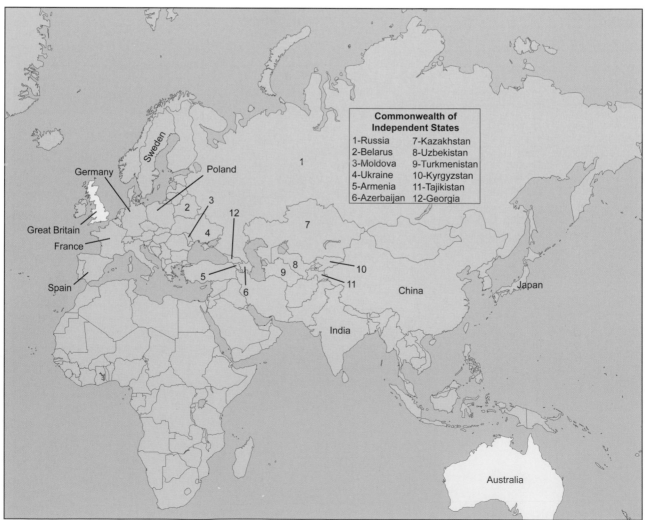

Commonwealth of Independent States
1-Russia 7-Kazakhstan
2-Belarus 8-Uzbekistan
3-Moldova 9-Turkmenistan
4-Ukraine 10-Kyrgyzstan
5-Armenia 11-Tajikistan
6-Azerbaijan 12-Georgia

Sweden
Germany
Poland
Great Britain
France
Spain
China
Japan
India
Australia

3. I speak French.  **4.** I speak Spanish.  *(RO-chin)* **5.** I speak Russian.

(chai-NIS)
6. I speak Chinese.

(cha-pa-NIS)
7. I speak Japanese.

I am . . .

Soy . . .

En inglés los nombres de las lenguas o idiomas se escriben con letra mayúscula. También los nombres de los países y los de nacionalidad llevan letra mayúscula.

RESUMEN		
	LETRA MAYÚSCULA	EJEMPLO
Country País	todos	**Spain**
Language Lengua	todos	**Spanish**
Nationality Nacionalidad	todos	**I am Spanish** **I am a Spaniard** (masculino y femenino)

Muchas personas tienen antepasados de distintas nacionalidades. A continuación hay una listas de algunas. Haga un círculo en esas banderas y escriba el adjetivo de nacionalidad en los espacios en blanco junto a cada bandera.

1. Soy estadounidense.   **I am** _____.

2. Soy austríaco.

I am _____.

3. Soy australiano.

I am _____.

4. Soy belga.

I am _____.

5. Soy británico.

I am _____.

6. Soy canadiense.

I am _____.

7. Soy chino.

I am _____.

8. Soy danés.

I am _____.

9. Soy holandés.

I am _____.

10. Soy francés.

I am _____.

11. Soy alemán.

I am _____.

12. Soy italiano.

I am _____.

13. Soy japonés.

I am _____.

14. Soy mexicano.

I am _____.

15. Soy noruego.

I am _____.

16. Soy polaco.

I am _____.

17. Soy ruso.

I am _____.

18. Soy español.

I am _____.

19. Soy sueco.

I am _____.

20. Soy turco.

I am _____.

Ahora, ¿puede usted contestar estas preguntas nombrando el país donde estos lugares de interés están localizados? Diga la respuesta en voz alta.

(AI-fel) (TAU-er)

1. Where is the Eiffel Tower?   _____

2. Where is New York?   _____

3. Where is Acapulco?   _____

4. Where is Berlin?   _____

5. Where is the Colosseum?   _____

6. Where is the Prado Museum?   _____

(rain)

7. Where is the Rhine River?   _____

río

71

Another Verb

Aquí tenemos un verbo muy importante para las preguntas y los negativos.

Escríbalo y dígalo en voz alta.

(du) TO DO hacer	
I do	we do
you do	you do
he she it } does	they do

El verbo **to do** se usa en las preguntas y en el negativo de los verbos. Por ejemplo:

You speak English.   **Do you speak English?**   **You do not speak English.**

He arrives today.   **Does he arrive today?**   **He does not arrive today.**

**El negativo =
subject + to do + not + verb**

**Una pregunta =
to do + subject + verb**

Escriba las preguntas y los negativos para estas oraciones:

1. **They enter the hotel.** _____

2. **We have a reservation.** _____

3. **The room has hot water.** _____

More Numbers
Más números

Ahora vamos a aumentar nuestro conocimiento de los números con los *cientos*—**hundreds.**
Diga las palabras en voz alta y practique escribiéndolas.

(tu) (JON-dred)
two hundred _____
doscientos

six hundred _____
seiscientos

three hundred _____
trescientos

seven hundred _____
setecientos

four hundred _____
cuatrocientos

eight hundred _____
ochocientos

five hundred _____
quinientos

nine hundred _____
novecientos

(T'AU-send)
one thousand _____
mil

Cuando usted piense que puede contar de cien hasta mil, hágalo. Hágalo varias veces. Delante de
hundred and **thousand** recuerde que tenemos que usar **one.** Recuerde también que **hundred** no
cambia al plural como en español.

Después de **hundred** a menudo usamos **and** delante del otro número, cosa que no pasa en español.

Por ejemplo: **110 = one hundred and ten** o
one hundred ten

Después que usted ha dicho los números en voz alta, escríbalos.

| **1.** 111 | **2.** 222 | **3.** 333 | **4.** 415 | **5.** 513 | **6.** 647 |
| **7.** 1776 | **8.** 859 | **9.** 995 | **10.** 2112 | **11.** 3564 | **12.** v4716 |

Hablando de un año, en inglés se dice **nineteen ninety** (19–90) en vez de **one thousand and
ninety.** Por ejemplo, 1776, el año de la declaración de la independencia, se dice **seventeen
seventy-six** (17–76).

RESPUESTAS

1. one hundred and eleven **2.** two hundred and twenty-two **3.** three hundred and
thirty-three **4.** four hundred and fifteen **5.** five hundred and thirteen **6.** six hundred and
forty-seven **7.** one thousand seven hundred and seventy-six **8.** eight hundred and fifty-
nine **9.** nine hundred and ninety-five **10.** two thousand one hundred and twelve **11.** three thousand five hundred and sixty-four **12.** four thousand seven hundred and
sixteen

73

From New York to...

De Nueva York a...

Mire el mapa que muestra las distancias de Nueva York a otros lugares. Pregúntese a qué distancia está Nueva York de una de las ciudades, y conteste la pregunta. Recuerde de usar **miles** porque es la medida que se usa en los Estados Unidos para dar la distancia y la velocidad en las autopistas. Si usted está en la carretera tendrá que hacer cálculos mentales para convertir kilómetros a millas (1 kilómetro = 5/8 de milla).

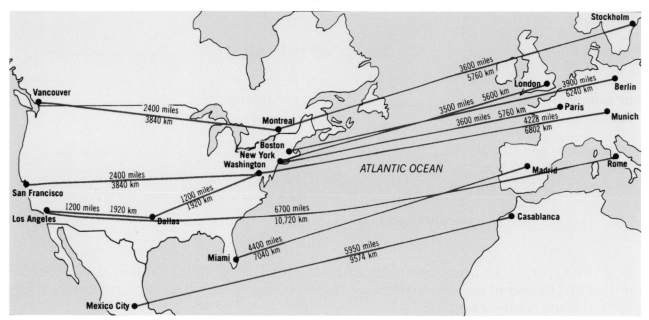

1. Is Madrid very far from Miami? Madrid is _____ miles from Miami. *(moils)*

2. Is Los Angeles very close to Dallas? Los Angeles is _____ miles from Dallas. *(clos)*

3. Is it very far from London to New York? London is _____ miles from New York.

I Understand

Entiendo

Conociendo la frustración de no ser comprendido, ¿puede usted imaginarse cómo se sintió esta señora cuando su bolsa desapareció? Ella le está contando sus infortunios a una amiga. Note cómo ella usa el presente para contar en forma muy real una historia que ya pasó. A menudo hacemos lo mismo en español: "Ese hombre viene a mí y me dice..."

I get on the subway at 34th Street and I go to Times Square. I take another train

and I go to 59th Street. When I get off the train, I can't find my purse. I look *(pers)*

       metro no puedo encontrar bolsa busco

for a policeman and I speak to him. *(po-LIS-men)*

 policía

74

New York's Subways

The policeman does not understand

Spanish and I do not understand

English. What a problem!
> ¡qué lío!

(jelps)   (mi)
But a Latino New Yorker helps me.
> ayuda

(ferst)
The policeman asks for my first name,
> pide   nombre

(AD-res)   (rait)
my last name and my address. I write
> apellido   dirección

(in-for-MEI-chen)
the information on a form and then I go
> formulario   luego

(EM-be-si)
to the Spanish Embassy to say that now
> Embajada Española

(GUD-nes)
I do not have my passport. My goodness!
> pasaporte

(streinch)
What am I going to do? In a strange city,
> hacer   extraña

(uit-AUT)   *(MA-ni)*
without a passport and without money, but
> sin   dinero

(CRE-dit)   *(liv)   (jom)*
I have my credit card. I do not leave home
> tarjeta de crédito

(OF-is)
without it. I go to the American Express office and
> ella

(guiv)
they give me money. When I go back home, I find my purse on the dresser!

¿Qué países asocia usted a menudo con las cosas que aparecen en la lista siguiente? Escríbalos, en inglés, por favor. Seguramente que usted recuerda.

1. vodka _____
2. champagne _____
3. Estatua de la Libertad _____
4. Shakespeare _____

5. tacos _____
6. toreros _____
7. pizza _____
8. geishas _____

¿Puede escribir los adjetivos de nacionalidad de estos países?

1. Russia _____
2. France _____
3. United States _____
4. Great Britain _____

5. Mexico _____
6. Spain _____
7. Italy _____
8. Japan _____

Ahora, ¿puede entender y contestar estas preguntas?

1. What languages do you understand?

2. In Spain, what language do they speak?

3. In Germany, what language do they speak?

(PI-pel)
4. In the United States, do people speak English?
gente

5. Do you speak English?

¿Puede entender estas frases?

The French live in France. They speak and understand French.

The Spanish live in Spain. They speak and understand Spanish.

The Italians live in Italy. They speak and understand Italian.

THE RENTAL CAR

El coche de alquiler

Puede ser que usted quiera alquilar un coche y explorar el campo por usted mismo. Practique las frases en este diálogo hasta que esté seguro de ellas.

CHICAGO

LAKE MICHIGAN

CUSTOMER **Good morning.**

(rent)
I want to rent a car.
alquilar

AGENT *(jau)*
For how long?
Por cuánto tiempo

CUSTOMER **For two weeks.**

AGENT *(doors)*
Two doors or four
puertas

doors?

CUSTOMER **Four doors, please. Is gas included?**
gasolina incluída

AGENT **No, not gas, but**

(MAIlich)
mileage is included.
millaje

You get 500 miles
obtiene

(yor DRAIvers LAIsens)
a week for $250. Your driver's license, please.
por semana por   su licencia de conducir

CUSTOMER *(riTERN)*   *(SIti)*
Can I return the car in the city I am going to?
puedo devolver   ciudad adonde voy

77

AGENT	*(uat)* **What city?**
CUSTOMER	**Chicago**

AGENT	*(kors)* **Of course! I am from Chicago.** *(jir)* **Here are your keys.** *(kis)* **Have a good trip.**
	claro aquí llaves buen viaje

¿Puede llenar los espacios con las palabras que faltan?

1. I want _____ a car.

2. _____ is included.

3. Four _____

4. _____ license

Useful Expressions

Frases útiles

Aquí tiene algunas expresiones útiles que usted podría necesitar al alquilar un coche. Practique escribiéndolas en los espacios en blanco y dígalas en voz alta hasta que las haya aprendido bien.

How much per day? _____

(in-CHUR-ens)
How much is the insurance? _____

Is gas included? _____

(di-PAZ-it)
Do I leave a deposit? _____
Dejo   depósito

¿Está listo para probar algunas expresiones más que usted podría necesitar en la carretera?

How do I get to _____ **?**
Por dónde voy   a

(JAI-uei)
Where does this highway go? _____

Do you have a road map? _____

(DI-turs)
Are there detours on the road? _____
desviaciones

ROAD SIGNS
Señales viales

Si usted está pensando conducir mientras está de viaje, pase algún tiempo recordando el significado de estas señales.

Estacionamiento

No derecha

No camiones

No doblar en rojo

Límite de velocidad

Curva peligrosa

Puente estrecho

Pare

No izquierda

Ceda

No vuelta en redondo

Cruce de ferrocarril

Siga derecho   **No entrar**   **Camino se estrecha**

Carretera se estrecha   **Semáforo**   **Tráfico en ambas direcciones**

Tráfico entra a la derecha   **Colina**   **Resbaladizo**

Obreros   **Gasolina**   **Desvío**

Calle de una vía   **Cruce peligroso**   **Trabajo de camino**   **Hospital**

The Service Station

La estación de servicio

CUSTOMER **Can you fill the tank?**
¿Puede llenar el tanque?

MANAGER *(Re-gu-lar) (SU-per) (EX-tra)*
Regular, super, or extra?

CUSTOMER *(oil)* *(TAI-ers)*
Regular, I also need oil. Will you please check the tires and the
aceite   neumáticos

(UA-ter)
water?

MANAGER **Everything is O.K.**
todo

CUSTOMER **I am going to Washington, D.C. What is the best way?**

(Él saca un mapa.)

MANAGER *(jir)* *(T'RU-uei)* *(ist)*
Well, you are here. You must take the thruway going east.

(tern) *(IN-ter-steit)* *(kon-TIN-yu)*
After two miles, turn left onto the Interstate Highway. Then, continue
doble izquierda   luego

(sains)
about four miles and turn right. Then you should follow the signs.
derecha   debe   seguir   señales

CUSTOMER **Is there much traffic?**

MANAGER *(taim)* *(LIT-tel)*
At this time, very little.
muy   poco

¿Puede llenar los espacios en blanco con las palabras que faltan?

1.   What do we fill the tank with? We fill the tank with _____.

2.   What do we put in the motor? We put _____.

3.   What else can you check at the service station? I can check _____ and _____.

81

En los Estados Unidos las autopistas son excelentes. Muchas son **toll roads**, que significa que para usarlas debe pagar el peaje. Esto se hace generalmente a la salida.

THE CAR
El coche

(jorn)
horn
la bocina

(STIR-ing) (juil)
steering wheel
el volante

(clach)
clutch pedal
el pedal de embrague

(breiks)
brakes
los frenos

(UIND-child) (UAI-pers)
windshield wipers
el limpiaparabrisas

(DACH-bord)
dashboard
el tablero de instrumentos

(GUIR-chift) (stik)
gearshift stick
la palanca de cambio

(ak-CEL-er-ei-tor)
accelerator
el acelerador

mirror
el espejo

motor
el motor

(jud)
hood
el capó

(JED-laits)
headlights
los faros

(BAT-e-ri)
battery
la batería

radiator
el radiador

trunk
el baúl

(BAM-per)
bumper
el parachoques

(sit)
seat
el asiento

(LAI-cens) (pleit)
license plate
la placa

roof
el techo

window
la ventanilla

body of car
la carrocería

gas pump
la bomba

(FEN-der)
fender
el parachoque o guardafango

tires
los neumáticos

(JAN-del)
door handle
el tirador de puerta

gas tank
el tanque

door
la puerta

Ahora escriba en estos espacios los nombres de las siguientes partes del coche.

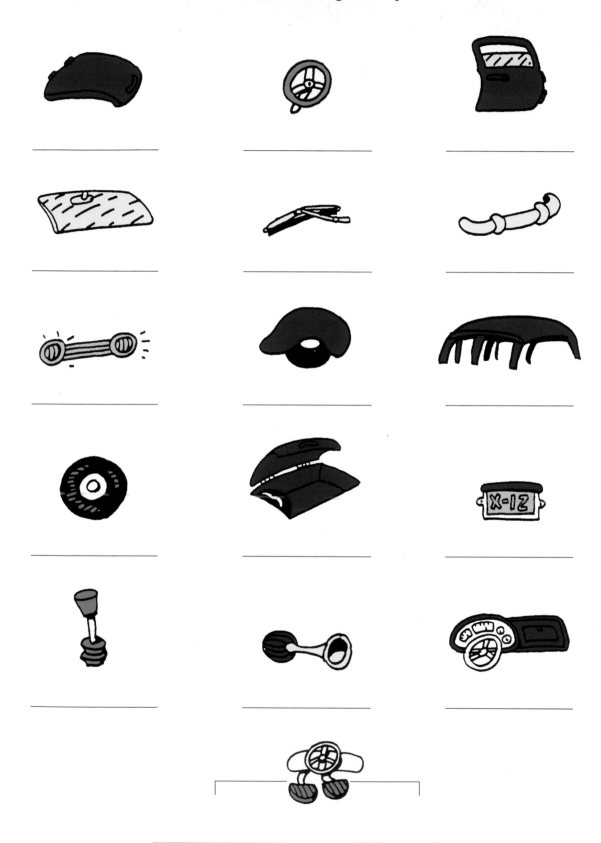

More Useful Expressions for Repairs
(ri-PERZ)

Más expresiones útiles para reparaciones

Si usted tiene un problema con su vehículo, necesitará saber estas expresiones. Escríbalas, por favor, aunque viaje en bicicleta (**bike**) o en motocicleta (**motorbike**).

Can you help me? _____
       ayudarme

(flet)
I have a flat tire. _____
       pinchazo

(uont)   (ron)
The car won't run. _____
       no marcha

The car won't start. _____
       no arranca

(uerk)
The brakes don't work. _____
       no funcionan

(chench)
Can you change the oil? _____
cambiar   aceite

(ded)
The battery is dead. _____
       descargada

(mek-A-nik)
I need a mechanic. _____
mecánico

(lik)
The radiator has a leak. _____
       escape

To Be Able to, Can
(Ei-bel)

Poder

En español, el verbo *poder* es muy importante. También es así en inglés, y hay algunas cosas que debemos saber sobre este verbo. *Poder* se traduce en inglés como **to be able to**, pero casi nadie

(ken)

lo usa así en los Estados Unidos. En vez de eso usan **can**, que es un verbo extraño porque no tiene forma infinitiva. Pero aquí está toda la conjugación importante de este verbo tan fácil:

CAN	
I can	we can
you can	you can
he can	
she can	they can
it can	

Note que hay dos formas negativas de **can**:

I CANNOT GO.	WE CAN'T COME.

En el primero, el negativo **not** se conecta con el verbo **can** formando una sola palabra. En el segundo ejemplo, se omite la "o" de la palabra **not**, sustituyendo un apóstrofe por esta letra: **'t**. Esta segunda forma es más informal y mucho más común.

Por ejemplo: **Can you come to my house? No, I can't.**

TO BE, TO HAVE, CAN + NOT

En inglés, cuando necesita poner los verbos **to be, to have,** o **can** en el negativo, no es necesario usar el verbo to **do** + **not** (o **n't**).

   Usando los verbos **to be, to have,** y **can**, se dice solamente **not** para crear el negativo. Por ejemplo:

He is	=	He is not, he isn't
He has	=	He has not, he hasn't
He can	=	He cannot, he can't

¿Comprende estas oraciones?

1. I can speak Spanish.

2. He can drive my car.

3. He cannot drive my car.

4. We can go to Chicago tomorrow.

5. We can't go to Chicago tomorrow.

AN ACCIDENT
(AK-si-dent)

Un accidente

(KER-fel)
Be careful! (¡Cuidado!) Conducir en un país extranjero quiere decir mirar la carretera aunque la vista sea maravillosa. Usted verá aquí lo que le pasó a alguien que no lo hizo.

DRIVER   *(Pensando para sí mientras conduce por una autopista de la montaña):*
conductor

(aim)   (VE-ri)
I never look at the traffic signs. I'm not very careful when I drive, and I drive
no tengo mucho cuidado   conduzco

(spid)   (LI-met)
very fast—I go seventy miles an hour, and the speed limit on this highway is
rápido

fifty-five. The road is very dangerous but I am in a hurry...Oh, my goodness!
peligroso   tengo prisa

(Él tiene un accidente y hace un viraje repentino en la carretera.)

(The police officer arrives)

POLICE OFFICER   **How are you? OK? Your license, please. Where are you from?**
su licencia

Are you a tourist? What is your name and your address?
dirección

Now I am going to call a mechanic.
llamar

(The mechanic arrives)

MECHANIC   **You are lucky. You only have a flat tire.**
tiene suerte   sólo

DRIVER   **Can you change the tire?**
cambiar   neumático

MECHANIC   **Do you want to call to**

arrange an appointment?
hacer   cita

En la historia anterior, hemos usado tres expresiones con el verbo **to be: to be careful, to be in a hurry** y **to be lucky.**

La palabra **careful** quiere decir "cuidado," **hurry** es "prisa" y **lucky** es "afortunado." Cuando se usan después de **to be**, quieren decir respectivamente "tener cuidado," "tener prisa" y "tener suerte."

(LA-ki)

¿Puede traducir al inglés estas líneas?

1.   Tengo suerte. _____

2.   Tenemos cuidado. _____

3.   La familia tiene prisa. _____

4.   Ustedes tienen suerte. _____

5.   Tengo prisa. _____

TO DO, TO MAKE, TO COME
(du) *(meik)* *(kom)*

Hacer, fabricar, venir

El verbo **to do** significa hacer, ejecutar o realizar alguna actividad, mientras que el verbo **to make** significa fabricar algo:

TO DO, TO MAKE = HACER, FABRICAR	
I do o **I make**	Yo hago
You do o **You make**	Usted hace, o Tú haces
He does o **He makes**	Él hace
She does o **She makes**	Ella hace
We do o **We make**	Nosotros hacemos
You do o **You make**	Ustedes hacen
They do o **They make**	Ellos hacen

Por ejemplo: **He does his job.** (Él hace su trabajo.)

He makes shoes. (Él hace zapatos.)

She does the washing. (Ella hace el lavado.)

She makes cars. (Ella hace automóviles.)

We do the cleaning. (Nosotros hacemos la limpieza.)

We make bread. (Nosotros hacemos pan.)

To come significa venir:

TO COME = VENIR	
I come	Yo vengo
You come	Usted viene o tú vienes
He comes	Él viene
She comes	Ella viene
We come	Nosotros venimos
You come	Ustedes vienen
They come	Ellos vienen

Llene los espacios en blanco de las siguientes oraciones con la forma correcta de **to do, to make** o **to come:**

1. I _____ a cake for my husband's birthday.
(keik) *(BERT-dei)*

2. You _____ home from work at 5:00.

3. He _____ his homework every day.
(EV-ri)

4. I _____ not have a telephone.

5. They _____ too much noise.
(nois)

6. She _____ to my house every day.

7. We _____ not understand this lesson.

En Estados Unidos hay muchos campamentos. La mayoría tienen instalaciones adecuadas, incluyendo abastecimiento de agua y electricidad, piscinas, áreas deportivas y lavanderías. Por lo general, hay también restaurantes y supermercados a distancias razonables. Así que, si tiene ropa deportiva y ganas de respirar aire puro, ¡adelante!

EQUIPMENT
(e-QÜIP-ment)

El equipo

Vea si puede encontrar todos los artículos de la lista siguiènte:

(FLECH-lait) **flashlight** la linterna de bolsillo	*(tri)* **tree** el árbol	**clothing** la ropa	*(bruk)* **brook** el arroyo	**basket** la cesta
(SLI-ping) **sleeping bag** el saco para dormir	*(ors)* **oars** los remos	**blanket** la frazada o la manta	**sun** el sol	*(ka-NU)* **canoe** la canoa

boots las botas	*(peil)* *(BAK-et)* **pail, bucket** el cubo	*(T'ER-mos)* **thermos** el termo	**cans** las latas	*(yu-TEN-sils)* **cooking utensils** utensilios de cocina

toilet articles los artículos de tocador	*(POR-ta-bel)* **portable radio** el radio portátil	**box** la caja

(MA-tres) **air mattress** el colchón de aire	*(FI-ching)* *(pol)* **fishing pole** la caña de pescar	*(KORK-skru)* **corkscrew** el tirabuzón o el sacacorchos	*(MA-ches)* **matches** los fósforos o las cerillas

THE CAMGROUND
(KAMP-graund)

THE CAMPGROUND

El campamento

MARCOS **Excuse me. Is there a campground around here?**
(ex-QUIUS) (mi)
por aquí

JOHN **Fifteen miles from here.**
A quince millas de aquí

MARCOS **Does it have toilets and drinking water?**
servicios   agua potable

JOHN **Yes, it has running water, showers, electricity, and gas.**
(RON-ing)   (CHAU-ers) (i-lek-TRI-si-ti)
agua corriente   electricidad

There is also a grocery store in the area.
(ER-i-a)

MARCOS **Does it cost a lot?**
(doz)

JOHN **No, they have reasonable rates. Do you have children?**
(RI-son-a-bel)   (reits)
razonables   precios   niños

MARCOS **Yes, I have two. Why?**

JOHN **Because the campground has a playground. How long are you going to camp out?**
(PLEI-graund)
parque infantil   acampar

MARCOS **One week in our tent with my wife and two children.**
tienda de campaña

JOHN **And with the mosquitos too!**
(ma-SQUI-tos)
también

1. ¿Agua caliente en el campamento? Puede que sí, puede que no. Pero, ¿qué otras dos clases de agua podrá encontrar allí?

   _____ and _____

2. Si usted quiere cocinar (**to cook**), ¿sobre qué clases de energía preguntaría usted?

   _____ and _____

3. ¿Adónde iría usted por provisiones? to the _____

4. En los campamentos ¿dónde jugarán los niños? in the _____

5. Si usted no tiene un coche-vivienda (**trailer**), ¿qué es lo que más le gustará para dormir y vivir?

   In a _____

RESPUESTAS

1. drinking water and running water. 2. electricity and gas. 3. to the grocery store. 4. in the playground 5. in a tent

91

AT THE GROCERY STORE
(GRO-se-ri) *(stor)*

En la tienda de comestibles

MARIO   **Good morning. I need some**
necesito unos

noodles, butter, and a little
(NU-dels) *(BAT-er)*
fideos   mantequilla

bit (a piece) of ham.
(jam)
jamón

And do you have matches?
fósforos

SHOPKEEPER **Are you camping? Bonfires are forbidden in the campground.**
(CHOP-ki-per)   *(BAN-fai-ers)*   *(for-BID-den)*
Tendera   fogatas   prohibidas

MARIO   **We have a stove. I also need a little red wine, milk, salt, and bread.**
(stov)   *(solt)*
estufa   poco rojo vino leche sal   pan

(The shopkeeper puts everything in a bag.)
mete   bolsa

MARIO   **How much is it?**

SHOPKEEPER **Twenty-five dollars.**

MARIO   **Do you have change for a hundred-dollar bill?**
(chench)
cambio   billete

SHOPKEEPER **Of course. Or you can use your credit card.**

¿Qué palabras de la conversación asocia usted con los artículos de la siguiente lista? (Puede haber más de una respuesta)

1. butter _____

2. matches _____

3. a hundred dollars _____

4. to cook _____

5. to drink _____

6. cigarettes _____

RESPUESTAS
1. bread 2. stove 3. credit card 4. bonfire, stove 5. wine, milk 6. matches.

To Need, To Have to Do Something

Necesitar, tener que hacer algo

Estos son verbos muy útiles de saber cuando está en un país extranjero. **To need** se usa con cosas o verbos, pero **to have to** se usa con verbos solamente.

Por ejemplo:

I need food.

I need to buy food.

I have to buy food.

Recuerde: el verbo **to have** es irregular. Diga **he has.**

Diga estas oraciones en voz alta:

I need a tent when I go camping.

You have to buy food today.

My mother needs her suitcase because she has to pack it.

We always have to be polite.

He doesn't need to sleep much.
mucho

She has to sleep a lot.
mucho

¿Puede contestar estas preguntas en inglés? Escríbalas y diga las respuestas.

1. Do you need to eat in order to live?
para

2. Do you have to eat in order to live?

3. Does he need a ticket?

4. Do we need to take a bus to the museum?

5. What do you need when you go camping?

(draiv)
TO DRIVE = CONDUCIR

Para llegar al campamento usted necesitará conducir un poco.
Mr. Sánchez drives carefully. He never drives too fast.

¿Puede contestar estas preguntas? Escriba las respuestas y dígalas en voz alta.

1. Do you drive very fast? _____

2. Do you drive your car to work? _____
               su   trabajo

3. Do you drive a car or a van? _____
                      furgoneta

Aquí está otro verbo muy práctico: **TO KNOW.** Pero en inglés, se puede usar este mismo verbo para decir **TO KNOW A PERSON** (conocer) y también **TO KNOW A FACT** o **TO KNOW HOW TO DO SOMETHING** (saber).

I know	we know
you know	you know
he knows	they know
she knows	

¿Puede leer estas oraciones en voz alta y traducirlas?

1. Do we know how to speak Spanish? _____.

2. Do you know Mrs. Jones? _____.

3. I know where the station is. _____.

4. They know the girl's name. _____.

5. I don't know my address. _____.

How do you say...?
¿Cómo se dice...?

El verbo **to be** puede ser usado con diferentes adjetivos para expresar cómo nos sentimos. Los siguientes dibujos le dirán el significado de cada uno:

He is cold.

She is too warm.

They are afraid.

Mr. Smith is sleepy.

He is thirsty.
tiene sed

Mrs. Smith is embarrassed
tiene vergüenza

He is hungry.
tiene hambre

¿Puede describir ahora sus propios sentimientos cuando confronte las siguientes circunstancias? Escríbalas.

1. Un día de invierno   I am _____

2. Usted no ha comido.   I am _____

3. Una noche misteriosa   I am _____

4. Un día sofocante (dos contestaciones)   I am _____

5. Usted olvidó el cumpleaños de su mamá.   I am _____

6. Usted ha estado conduciendo por diez horas.   I am _____

Cuando usted necesita preguntar sobre algo, empiece con **"Do you know if...?"**

Por ejemplo: **Do you know if there is running water in the campground?**

Trate de hacer la misma clase de pregunta sobre otras cosas en el campamento que usted quisiera saber y use las nuevas palabras que acaba de aprender. **"Do you know if...in the campground? Cambie la pregunta a: "Do you know if they have...?"**

Por favor, llene los espacios en blanco a continuación con la forma correcta de los verbos apropiados. Si no está seguro, revise las lecciones anteriores:

1. I _____ not Spanish.

2. I don't _____ drive a car.

3. They _____ ten dollars.

4. I _____ thirsty and I am going to drink water.

5. Now he _____ at home.
    en casa.

6. I don't _____ the car.

7. She _____ matches in the store.

8. We don't _____ our meals in the hotel.

9. Do you _____ if there is drinking water in the campground?

10. I _____ to take the blanket.

10
(UE-t'er) (SI-zonz) (deiz)
Weather, Seasons, Days,
(uiks) (mont's)
Weeks, and Months
El tiempo, las estaciones, los días, las semanas, y los meses

Repita los nombres de las estaciones y de cada uno de los meses que pertenecen a ellas. Escriba la letra de las estaciones de la Columna 2 delante de los meses que pertenecen a ellas en la Columna 1:

1		2
(mei) **May** mayo	*(chun)* **June** junio	*(UIN-ter)* **A. winter** el invierno
(O-gust) **August** agosto	*(CHAN-yu-e-ri)* **January** enero	*(spring)* **B. spring** la primavera
(di-CEM-ber) **December** diciembre	*(ok-TO-ber)* **October** octubre	*(SAM-mer)* **C. summer** el verano
(chu-LAI) **July** julio	*(FEB-ru-e-ri)* **February** febrero	*(O-tum)* **D. fall** o **autumn** el otoño
(EI-pril) **April** abril	*(sep-TEM-ber)* **September** septiembre	
(no-VEM-ber) **November** noviembre	*(march)* **March** marzo	

Aquí están los días de la semana:

(MON-dei)	*(TUS-dei)*	*(UENS-dei)*	*(TERS-dei)*	*(FRAI-dei)*	*(SAT-er-dei)*	*(SON-dei)*
Monday	**Tuesday**	**Wednesday**	**Thursday**	**Friday**	**Saturday**	**Sunday**
lunes	martes	miércoles	jueves	viernes	sábado	domingo

¿Puede usted contestar las siguientes preguntas? Escriba las contestaciones y dígalas en voz alta:

1. How many months are there in a year?

    _____

2. How many seasons are there in a year?

    _____

3. How many months are there in a season?

    _____

4. What month has 28 days?

    _____

5. How many days are there in December?

    _____

6. What months have 30 days?

    _____

¿Puede escribir en los espacios en blanco los meses que corresponden a cada estación? En inglés, los meses se escriben con letra mayúscula.

1. The months in spring are _____, _____, and _____.

2. The months in summer are _____, _____, and _____.

3. The months in fall are _____, _____, and _____.

4. The months in winter are _____, _____, and _____.

Trate de escribir los nombres de las estaciones:

1. December, January and February are the months of _____.

2. March, April and May are the months of _____.

3. June, July and August are the months of _____.

4. September, October and November are the months of _____.

How Is the Weather?

¿Qué tiempo hace?

Para describir las condiciones del tiempo en inglés, se usa el verbo **to be** + el nombre de la condición. Por ejemplo: **It is hot in July. It is cold in winter.** Refiérase a los grabados y repita las oraciones que describen el tiempo de las distintas estaciones y los diferentes meses:

(SAN-i)
The weather is fine. It is sunny.
Hace buen tiempo.　　　Hace sol.

(REIN-ing)
It is raining.
Llueve.

(kold)
It is cold.
Hace frío.

It is snowing.
Nieva.

(jat)
It is hot.
Hace calor.

The weather is bad.
Hace mal tiempo.

Practique cubriendo las expresiones y vea si puede describir el tiempo que corresponde a los meses y a las estaciones. Por ejemplo: **It is windy in March, it is cool in the fall.**
　　　　　　　　　　　　　　hace　viento　　　　　　　hace fresco

100

¿Ha practicado bastante? Vamos a ver cómo puede llenar los espacios en blanco. Puede haber más de una posibilidad en algunos casos.

In spring it is _____

In August is it _____

In March it is _____

In winter it is _____

It is _____ in the summer.

It is _____ in the winter.

Para decir "mucho calor," "mucho frío," etc., usamos **very** delante de la palabra que expresa el tiempo. Ejemplo: **In August it is very hot. In winter it is very cold.**

Pero cuando hablamos de la lluvia y de la nieve, usamos **a lot of**.
Por ejemplo, **There is a lot of rain today.**

Llene los espacios en blanco con **very** o **a lot of**.

1. In summer it is _____ hot.

2. In winter there is _____ snow.

3. You need an umbrella when it is _____ rainy.

4. You need an umbrella when there is _____ rain.

5. Is it _____ cold today?

Mire otra vez los grabados del principio de esta sección. Diga las expresiones en voz alta hasta que se sienta cómodo con ellas. Luego úselas para describir el tiempo de hoy.

SALLY   **What time is it?**

SUSAN   **It is seven-thirty.**

                    (ol-RE-di)
SALLY   **My goodness! Already? Is it a nice day?**
                         ya   buen día
SUSAN   **I don't know—why?**

RESPUESTAS

1. very 2. a lot of 3. very 4. a lot of 5. very

101

SALLY   **Can we go to the beach? If it is sunny and the sky is clear, we**
(bich)
playa

can get a nice tan. Let's look for a bathing suit.
bronceado   Vamos a buscar un traje de baño.

SUSAN   **Yes, I want to go to the beach, too.** *(She goes to the window and looks out.)*

My goodness! What a day! You know, the weather is very bad. It is snowing

and very cold and very windy.
(VIN-di)

We'd better look for skis!
(uid)
esquís

Descriptive Words
Palabras descriptivas

A diferencia del español, que usa *ser* y *estar* según ciertas condiciones, en inglés hay sólo un verbo —**to be**— y este verbo se usa igualmente para condiciones permanentes y temporales. Mire cómo se dicen en inglés estas oraciones:

1.   The girl is beautiful.
hermosa linda

2.   The man is ugly.
(AG-li)
feo

3.   The boy is pleasant.
(PLE-sent)
agradable

4.   The lady is unpleasant.
desagradable

5.   The mirror is dirty.
sucio

6.   The mirror is clean.
limpio

7.   The door is open.
abierta

8.   The door is closed.
cerrada

Estos son algunos de los adjetivos más comunes:

			(PRI-ti) (AG-li)
tall, short	**young, old**	**happy, sad, unhappy**	**pretty, handsome, ugly**
alto, bajo	joven viejo	feliz triste	bonito guapo feo

(smol) (LI-tel)   (gud)

big, small, little   **good, bad**

grande, pequeño, poco   bueno, malo

Llene los espacios en blanco con el adjetivo apropiado.

1. The girl is not ugly. She is _____.

2. The door is not open. It is _____.

3. My son is not old. He is _____.

4. The baby is not big. He is _____.

5. The bus driver is not handsome. He is _____.

6. The Empire State Building is not short. It is _____.

7. His shirt is not clean. It is _____.

(tol)
tall
alto

(chort)
short
bajo

(yong)
young
joven

(TAI-erd)
tired
cansado

(sik)
sick
enfermo

(sad)
sad
triste

(JEND-som)
handsome
guapo

(JAP-i)
happy
contento

Ahora que sabe muchas palabras nuevas para describir las cosas, trate de contestar las siguientes preguntas sobre usted mismo, empezando con **Yes, I am …** o **No, I am not …**

1. Are you short?

2. Are you tall?

3. Are you young?

4. Are you pretty (o handsome)?

5. Are you sad when it rains?

6. Are you small?

7. Are you happy when it's nice weather?

8. Are you unhappy today? (¡Esperamos que no!)

9. Are you unpleasant? (¡Por supuesto que no!)

En inglés los adjetivos se usan siempre delante de las palabras que ellos describen, por ejemplo: a **pretty girl, two tall boys, a happy face,** etc.

Adjective Endings
Terminación de adjetivos

Note que en inglés, los adjetivos se usan con la misma forma—no importa el número o el género de las palabras que ellos describen. Por ejemplo:

The tall boy.	**The tall girl.**
The tall boys.	**The tall girls.**

Nunca hay concordancia entre el adjetivo y el nombre en inglés. ¡Los adjetivos son invariables!

Question Words

Preguntas

Como turista, usted probablemente hará muchas preguntas sobre adónde ir, cómo llegar allí, cuánto cuesta, etc. Practique estas preguntas y dígalas en voz alta:

(ju)
Who? = ¿quién?

(juat)
What? = ¿qué?

(juen)
When? = ¿cuándo?

(juer)
Where? = ¿dónde?

(jou)
How? = ¿cómo?

(moch)
How much? = ¿cuánto?

How many? = ¿cuántos?

(juai)
Why? = ¿por qué?

Trate de usar estas palabras en las frases siguientes:

1. _____ does the train leave?

2. _____ can't we go to San Francisco?

3. _____ is that man?

4. _____ is in this box?

caja

5. _____ does this cost?

6. _____ are you, Jane?

7. _____ is the hotel?

¿Puede comprender estas preguntas?

When does the plane for Los Angeles leave?

Where is the hotel?

How much does a round trip ticket cost?

How many people fit in the car?

caber

THE WEATHER FORECAST

El pronóstico del tiempo

(UAN-der-ful)
Today is going to be a wonderful day in Chicago,

with warm temperatures for this time of year.

(pos-si-BIL-iti)   *(ZI-ro)*
The possibility of rain is zero.

(skai)
The sky will be clear, and it is not going to be very windy.

It's a perfect day to go to the beach and get a nice tan.

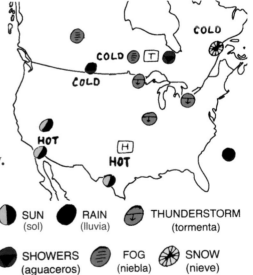

SUN (sol) RAIN (lluvia) THUNDERSTORM (tormenta)

SHOWERS (aguaceros) FOG (niebla) SNOW (nieve)

If Today Is Tuesday, I Should…

Si hoy es jueves, debo…

Mire otra vez el calendario al principio de esta sección. Practique diciendo en voz alta los nombres de los días de la semana. Usted debe saber que en inglés los días de la semana se escriben empezando con letra mayúscula. Practique escribiéndolos hasta que los sepa bien.

En inglés se usa **on** delante de los días de la semana. Por ejemplo: **I am going to the store on Saturday.** Antes de las fechas también se usa **on**. Por ejemplo: **I was born on June 29th, 1964.** Para los días del mes se usan los números ordinales. Ejemplo: **the fifth of June, December thirty-first**, etc.

Vamos a practicar estas formas. Use las dos frases en los espacios siguientes para formar una oración. Esté seguro de unir las dos partes con la palabra **on**, por ejemplo: **I am going home/ Monday — I am going home on Monday.** Escriba las oraciones y dígalas en voz alta:

We go to church/Sunday. _____

My mother goes to the store/Saturday. _____

I go to my grandmother's house/Wednesday. _____

They go to the beach/Monday. _____

1. What is today's date?

   Today is the _____

   of _____.

2. When is your birthday?

My birthday is the _____ of _____.

3. When is Christmas?

Christmas is the _____ of _____.

4. When is Easter this year?

This year Easter is _____.

5. When is Thanksgiving this year?

This year Thanksgiving is _____.

6. When is Independence Day in the United States?

It is the _____ of _____.

NOTE: Se puede decir **the sixth of June** o también **June sixth**—el significado es el mismo.

Tache la palabra o expresión que no pertenece a cada grupo:

1. summer   beach   snow   warm

2. June   July   January   August

3. it rains   it snows   it is bad weather   it is sunny

4. Mexico   Spanish   French   German

5. Christmas   Thanksgiving   your birthday Easter

6. fall   Monday   spring   summer

¿Cuántas palabras escondidas puede encontrar? Haga un círculo alrededor de ellas siguiendo nuestro ejemplo. Hay siete más.

C	T	L	O	T	M	R	O	A	S
O	U	B	A	Q	M	A	R	C	H
L	E	N	P	V	D	R	M	R	S
D	S	P	R	I	N	G	P	W	U
A	D	S	I	J	S	V	U	I	N
M	A	H	L	N	Q	E	S	N	N
C	Y	A	U	T	U	M	N	D	Y
S	U	T	F	O	R	J	L	Y	O

11 *(pleinz)* **Planes and Tourism**
(TU-rizm)
El avión y el turismo

¿Puede encontrar a las siguientes personas y cosas en la escena del aeropuerto?

(ER-lain)
airline
la línea aérea

(COS-toms) (AI-chent)
customs agent
el aduanero

(FLAit a-TEN-dent)
flight attendant
la azafata
(Spain)
la aeromoza
(Latin America)

ticket counter
la taquilla

(gueit)
gate
la puerta

inspection
la inspección

escalator
la escalera mecánica

(PAI-lot)
pilot
el piloto

(trok)
truck
el camión

(goz)   *(TEI-king)*
Mr. Suárez gets on the plane that goes to New York. He is taking a
       sube   hace
(BIZ-nes)   *(sit)*   *(rids)*
business trip. He looks for a seat next to a window and reads his
negocios   asiento   ventanilla   lee
       (DU-ring)   *(e-NO-t'er)*
newspaper during the flight. There is another man
       durante   otro
(SI-ted)
seated next to him, and they talk a little during the flight.
sentado

110

MR. SUAREZ	**Are you Spanish?**
OTHER MAN	**No, I am Mexican. I am on a vacation. And you?**

de vacaciones

Where do you come from?

MR. SUAREZ	**I am Colombian. I am taking a business trip to New York.**

hago

PILOT'S VOICE	**We are going to arrive in New York in five hours. The weather is very good there. The skies are clear and the temperature is 82 degrees.**

grados

Thank you, ladies and gentlemen.

señoras y señores

OTHER MAN	**When do we arrive in New York?**
MR. SUAREZ	**At three-thirty in the afternoon, I hope.**
OTHER MAN	**Why do you say "I hope?"**
MR. SUAREZ	**Because I am afraid of planes and heights.**

alturas

OTHER MAN	**Are you kidding? Planes are very safe.**

seguros

A VOICE	**Good afternoon, ladies and gentlemen. I am not your pilot. The pilot is**

buenas tardes

a little sick.

(JAI-chek-er)

I am your highjacker! We are going to take a trip to Cuba.

secuestrador

Vea si usted sabe cómo contestar las siguientes preguntas sobre la conversación.

(kaind)
1. What kind of trip is Mr. Suárez taking?

2. Where is Mr. Suárez looking for a seat?

3. What does Mr. Suárez read?

4. Where does the other man come from?

5. When are the passengers arriving in New York?

6. What is Mr. Suárez afraid of?

7. Is the other man afraid?

8. Who talks at the end?

The Plane
(plein)

El avión

window
la ventanilla

flight *(FLAit)*
el vuelo

flight attendant *(a-TEN-dent)*
el (la) asistente de vuelo

runway *(RON-wei)*
la pista

cabin *(KA-bin)*
la cabina

seat belt
el cinturón de seguridad

seat
el asiento

tray
la bandeja

Practique las nuevas palabras en el grabado. ¿No está seguro de ellas todavía? Si es así, vea qué fácilmente usted puede escribir las palabras que faltan en los espacios en blanco.

1. I want a _____ on the aisle. *(ail)*
   de pasillo

2. This is a _____ to Canada.

3. The plane is on the _____.

4. The seat has a _____.

5. The stewardess is carrying a _____.
   lleva

6. We look through _____.
   por la

RESPUESTAS

1. seat 2. flight 3. runway 4. seat belt 5. tray 6. window

112

Some Grammar

Algo de gramática

En este grabado vemos que la acción de una persona afecta a otra persona o cosa. En las siguientes oraciones escriba la palabra **actor** debajo de la persona que está haciendo la acción y **acted upon** debajo de la persona o cosa que recibe la acción.

The boy looks at the pictures.

The father buys a newspaper.

The man buys a ticket.

The bellboy takes the suitcase.

En los casos anteriores, la persona o cosa que recibe la acción del verbo es el complemento directo o indirecto.
En español el complemento concuerda en género y número con el nombre que sustituye.

Por ejemplo:

El muchacho mira **el cuadro.**/ El muchacho **lo** mira.
El señor compra **el billete.**/ El señor **lo** compra.
El mozo lleva **la maleta.**/ El mozo **la** lleva.

En inglés las formas usadas para el complemento directo e indirecto son éstas:

me	**us**
him	**her**
it (things)	**them** (people or things)
you (sing.)	**you** (pl.)

Estas formas siempre se usan después del verbo:

The boy looks at **the picture.** He looks at **it.**
The man buys **two tickets.** He buys **them.**
The lady greets **me.**
The boy greets **the girl.** He greets **her.**
The girl greets **the boy.** She greets **him.**
I love **you!**

En cada uno de los casos siguientes reemplace el complemento con uno de los pronombres de la lista anterior.

Ejemplo: I follow the instructions. I follow them.

1. She drinks a soda. _____.

2. My father takes some photographs. _____.

3. I drive a car. _____.

4. We see Mary. _____.

5. Mary sees John. _____.

El cuadro siguiente le muestra las formas que usamos para decir *lo*, *la*, *los* y *las* cuando las personas o cosas reciben la acción del verbo.

Cuando yo recibo la acción del verbo, uso **me**. **The boy looks at me.** Cuando nosotros recibimos la acción, usamos **us**. **The boy looks at us.** En inglés solamente hay una forma para la segunda persona singular y plural: **you** es el equivalente de las formas *te*, *lo*, *la*, *los* y *las*.

¿Puede usted contestar estas preguntas fáciles? Use una de las palabras que acabamos de aprender (**him**, **her**, **it**, **them**) por las palabras indicadas. Tenga cuidado de colocarlas después del verbo.

1. Are you looking for the hotel? Yes, I _____.

2. Do you tell the truth? _____.

3. Do you buy tickets? _____.

4. Are you writing to Mary? _____.

5. Do you visit your brother? _____.

6. Do you buy magazines (revistas)? _____.

7. Do you want your dinner now? _____.

8. Would you like this seat? _____.

A *(tur)* Tour Around New York City
Una excursión por la ciudad de Nueva York

(gaid)
GUIDE

Good afternoon, ladies
damas

and gentlemen.
caballeros

(RE-di)
Are you ready? Let's begin
listos   comenzar

our tour.

(Los turistas suben
al autobús y toman sus
asientos.)

MR. LOPEZ

(a la señora sentada junto a él)

This is the first time that
vez   que

I am in New York City.

I want to get to know this
conocer

city well during my
durante

two-week vacation here.

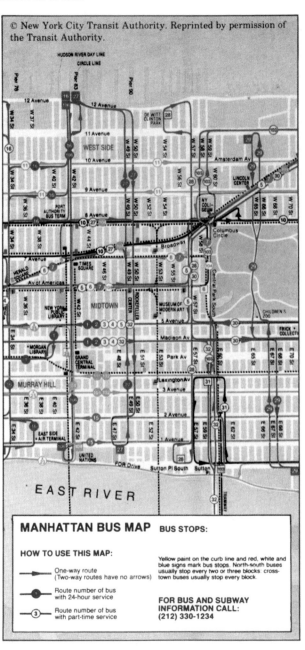

© New York City Transit Authority. Reprinted by permission of the Transit Authority.

MANHATTAN BUS MAP   BUS STOPS:

HOW TO USE THIS MAP:

One-way route
(Two-way routes have no arrows)

Route number of bus
with 24-hour service

Route number of bus
with part-time service

Yellow paint on the curb line and red, white and blue signs mark bus stops. North-south buses usually stop every two or three blocks: crosstown buses usually stop every block.

FOR BUS AND SUBWAY INFORMATION CALL:
(212) 330-1234

LADY	You can see here on your right the Metropolitan Museum of Art,
	ver _derecha_
	which has some of the world's best paintings.
	mejores pinturas

MR. LOPEZ	I like Velázquez.
LADY	I am certain the Metropolitan has many of Velazquez's paintings.
	(weit)
MR. LOPEZ	I can't wait to see them.
LADY	Now we are passing by Central Park, the most popular park in
	parque
	New York City.

MR. LOPEZ	It is not like the Buen Retiro Park in Madrid.
	(FAUN-ten)
LADY	The beautiful fountain is the Belvedere. And in front we see
	fuente _vemos_
	(FEI-mos)
	the famous Plaza Hotel.
MR. LOPEZ	Where are we going now?

	(SI-port) _(CHAI-na-taun)_
LADY	Downtown to the South Street Seaport and Chinatown. We are
	(uain) _(pleis)_
	going to have a glass of wine in a nice place with a fantastic
	view of the harbor.
	puerto

MR. LOPEZ	Madam, how do you know so much?
	tanto
LADY	Because I am the guide's wife!

Haga un círculo en la contestación correcta entre las que están en paréntesis después de cada pregunta.

1. What is the Metropolitan? (an art museum, a church, a station)

2. What is the Plaza? (a park, a hotel, a theater)

3. What is the name of a fountain in New York City? (Central, Columbus, Belvedere)

4. Where is the South Street Seaport? (midtown *(centro)*, downtown, uptown)

5. What are we going to have at a nice place? (water, wine, beer)

Vamos a repasar un poco el uso de **it** y **them**. Llene los espacios en blanco con las formas correctas que representan las palabras escritas en paréntesis. Diga cada oración en voz alta. Luego diga lo que cada oración significa en español. La primera oración está hecha para servirle de ejemplo.

1. We look at **them** (pictures) _____ in the museum.

2. My father pays for (tickets) _____ at the box office.

3. I understand (the schedule) _____.

4. I read the newspaper _____ in the morning.
   periódico   mañana

5. We eat (fruit) _____ in the hotel room.

6. We drink (soda) _____ in the cafeteria.

No Smoking

Las leyes de Estados Unidos prohiben fumar en lugares públicos excepto en áreas especiales para esto. Por ejemplo, fumar no es permitido en ascensores, tiendas, museos, hospitales, edificios públicos, escuelas, y oficinas.

¡Tenga cuidado y obedezca los avisos!

ENTERTAINMENT
(en-ter-TEIN-ment)
Diversiones

12	## The Theater and Celebrations *(T'i-e-ter)* *(se-le-BREI-chons)* El teatro y las fiestas

Juan y Ana son una pareja de mediana edad de Barcelona que por primera vez hacen un viaje a los Estados Unidos. A ellos les gusta el teatro y tienen una buena educación cultural. El lugar es Nueva York en el segundo día de su estadía. Los dos hablan inglés bastante bien: "Ninguna palabra de español durante las vacaciones," deciden ellos.

THE THEATER

JUAN   **Shall we go to the theater tonight? I am bored here in the hotel.**
        (chal) → vamos   *(bord)* → aburrido

ANA   **Why not? At the Shubert Theatre they are presenting *The King and I.***
        ¿Por qué no?   presentando

JUAN   **Fantastic! That is a great idea!**
        (greit)   *(ai-DIA)* → gran

ANA   **Do we know enough English to understand the play?**
        (i-NOF) → bastante   *(plei)* → obra

JUAN   **Of course!**
        (cors) → Claro

ANA   **If I don't understand it, I am going to be bored.**
        (bord) → aburrida

JUAN   **Then you can sleep a little.**
        entonces   *(slip)* → dormir

(Ana conoce un poco el asunto de la obra.)

ANA **I don't want to go. I don't want to see that play.** *(plei)*
obra

JUAN **But why, darling?**

ANA *(sinz)*
The scenes at the end are very sad.
escenas   tristes

JUAN **So what?**

ANA *(krai)*   *(MU-vis)*   *(bir)*
Well, I don't want to cry! Let's go to the movies or let's go have a beer.
pues   llorar   cerveza

More Useful Words

to sleep
dormir

to see
ver

Aquí tiene algunas expresiones prácticas.

(uach)
to watch a play
observar

to see a play
ver

to go to a play
asistir a

to look at the sights
mirar

(sam)
to get some rest
descanso

to take a nap
siesta

(IV-ning)
to go out in the evening
salir   noche

to spend the day
pasar

Be careful!
¡Tenga cuidado!

Did you have a good time?
¿Se ha divertido usted?

Llene los espacios en blanco con las palabras que faltan, después de leer la conversación varias veces.

1. Do we know _____ English to _____ the play?

2. If I don't understand it, I am going to be _____.

3. The scenes at the end are very _____.

Celebrations
Las fiestas

JUAN **American holidays are very interesting.**
(JA-li-deis)
celebraciones

but they are very different
(DIF-rent)

from Spanish customs. Of course,
de las   costumbres

New Year's Eve is an international
(nu) (yirs) (iv)
la víspera de año nuevo

holiday and in New York many

people go to Times Square in the
(taims) (skuer)

center of the city a little before
(bi-FOR)
antes

midnight. When the clock strikes midnight,
(MID-nait)   (klak) (straiks)
reloj

a big ball made of crystal and electric lights goes
(bol)   (laits)
bola hecha de   luces

down a pole on top of a Times Square building to mark the New Year.
edificio

(uich)
People kiss each other and they wish everyone a
se besan   a todos

"Happy New Year!"
Feliz

ANA
(Ister)
Also, Easter is very interesting. Everyone goes out or they
Pascua Florida   sale

have a family reunion at home. Many parents hide
reunión familiar   padres

colored eggs in their backyards and their children go
huevos   patios

on an "egg hunt."
cacería

JUAN
Another famous American holiday is the Fourth of July, when people

celebrate the American Independence of 1776. On this day

(BAR-be-ku)
there is no work and everyone has a picnic or a barbecue and

(uach)   (FAI-er-uerks)
then they watch fireworks.

ANA
(ME-ni)
Many even believe that the national holiday in the United States is

(bol)
"Super Bowl Sunday" (fútbol americano), celebrated in February.

The two best football teams play a game. The winner is the champion
equipos   campeón

for the year.

JUAN
But I admire Thanksgiving. It is the time when
el día de Acción de Gracias

the entire family and their relatives meet and have a
parientes

feast together.
festín

Hay muchas celebraciones en los Estados Unidos. ¿Puede escribir el nombre de las celebraciones representadas en los siguientes grabados?

1. _____ 2. _____

3. _____ 4. _____

Recuerde que dijimos en la sección anterior que las palabras que representan a las personas que reciben la acción del verbo siguen el modelo siguiente.

Singular	Plural
me-me	nos-us
la-you (*feminine*)	las-you (*feminine*)
lo-you (*masculine*)	los-you (*masculine*)

Usando este cuadro, escriba las formas correctas en los espacios en blanco. Luego diga lo que significan. El número uno está hecho.

1. They **look at** <u>us</u>   (nos)
   miran

2. **I see** _____ (la).

3. **We love** _____ (las).
   queremos

(KA-ches)

4. The **policeman catches** _____ (me).
   policía

5. **They look for** _____ (los).

6. **We take** _____ **to the party** (lo).

7. **I need** _____ (las).

8. **They wait for** _____ (nos).

9. **My father does not understand** _____ (me).

10. **They don't understand** _____ (lo).

Nunca aprendimos cómo deletrear muy bien. ¿Puede ayudarnos a escribir las letras que nos tienen atascados?

1. Who are his p_ _en_ _ *(padres)* and who are his _ _ lati _ es *(parientes)*

2. There are many c_ _ _b _ _t_ _ _s *(celebraciones)* in the U.S.A.

3. What is your favorite h _ l _ d _ y?

(JAI-king)   *(RON-ing)*   *(CHOG-ing)*

HIKING, RUNNING, AND JOGGING

Dar caminatas, correr, y correr al trote

(Un reportero, con el cuaderno en la mano, corre junto al atleta Brown.)

REPORTER   *(braun)*
Mr. Brown?

MR. BROWN   **Yes, that's me.**

REPORTER   *(PI-ter)*
I am Peter Moloney, for Sports Illustrated magazine.
                              deportes   ilustrados   revista

MR. BROWN   *(IN-ter-viu)*
Do you want an interview?
               entrevista

REPORTER   **Exactly.**
    exacto

MR. BROWN   **About what?**
    sobre

REPORTER	*(laif)* **Can you talk a little about your life as an athlete? About jogging and hiking through the countryside?**
MR. BROWN	*(EN-er-chi)* **Of course, if you have enough energy to run five miles more.** bastante más
REPORTER	**I want to write an article about you.** artículo
MR. BROWN	**I play many sports. I jog and take walks through the country** *(baik)* *(suim)* **and through parks. I also ride a bike and I know how to swim very well.** monto bicicleta **I am the perfect athlete! Many others only jog. I don't. Running is good** sólo correr *(jelt')* **for your health and it doesn't cost much money. A person buys a pair of** salud dinero un par de *(chus)* *(SUET-chert)* **running shoes and a sweatshirt and that's it!** sudador ya está

to jog
corxer al trote

sweatshirt
sudador

running shoes
zapatos para correr

REPORTER	**Do you take hikes through the countryside?** caminatas por
MR. BROWN	*(MAUN-tens)* **Yes, and also in the mountains.** montañas
REPORTER	**And what does a person need for this sport?**

	(BEK-pek)	(buts)	(es-PE-cha-li)

MR. BROWN **A backpack, comfortable boots, and especially a pair of strong**
  mochila   cómodas   botas   fuertes

(can-TIN)

legs. Also it is good to take a sleeping bag, a canteen, and some
  piernas   saco para dormir   cantimplora

(KU-king) (yu-TEN-sils)

cooking utensils.
  cocinar

REPORTER *(sin respiración y palpitando fuertemente)* **Mr. Brown, aren't you very**
tired? You are very healthy. How old are you?
                    ¿Cuántos años tiene?

(yirs)

MR. BROWN **I am ninety-eight years old.**
  Tengo 98 años

(bi-LIV)

REPORTER **What?! I don't believe it!**
  ¿Cómo?   ¡No lo creo!

(KLAIM-ing)

mountain climbing
alpinismo

backpack
mochila

sleeping bag
saco para dormir

canteen
cantimplora

cooking utensils
utensilios para cocinar

Remember
Recuerde

En esta última conversación hay otra expresión basada en **to be: to be … years old** (tener … años). Fíjese como el Señor Brown usa esa expresión al final de la conversación. Usando el mismo modelo, ¿puede decirnos su edad? Use una oración completa, escríbala debajo y dígala en voz alta.

¿Cómo le pregunta usted a otra persona su edad? Vea como el reportero lo hizo. Escriba la pregunta y dígala en voz alta.

_____

¿Puede contestar en inglés estas preguntas sobre usted?

How old are you now?   How old arc you going to be in five years?

How old are you going to be in ten years?   Do you like sports?

Do you know how to swim?   Do you jog?   Do you ride a bike?

Do you hike through the countryside?   Are you healthy?

Conteste las preguntas sobre los siguientes grabados. Note que en inglés usamos **this** en las preguntas, ya que es la misma forma para masculino y femenino. **These** es la forma plural.

1. What is this?

    It is a _____.

2. What is this?

    It is a _____.

3. What is this?

    It is a _____.

4. What are these?

    They are _____.

5. What is this?

    It is a _____.

BICYCLING AND SWIMMING

(BAI-sai-kling)   *(SUIM-ing)*

Ciclismo   Natación

(La entrevista continúa con el increíble
Señor Brown)

motorbike
la moto

REPORTER   **And riding a bike is
another one of your**

(JOB-is)
hobbies?

MR. BROWN   *(SAI-klist)*
**I am not a cyclist, but
there are many American
cyclists. If a person doesn't
have a car, or if he has one
but doesn't have enough**

(mins)
money to buy gas, a bike is a good means of transportation. In the big
medio   grandes

(I-si-li)
cities, people who ride bikes or motorbikes travel easily through the

(puch)
traffic. On the hills you* have to push a bike, but not a motorbike.
empujar   moto

REPORTER   *(ob-ser-VEI-chen)*
A very sharp observation!
astuta

MR. BROWN   *(po-LU-chon)*
But there is too much pollution because of the traffic in the big cities. No,
demasiada   contaminación

motorbikes are a bad means of transportation—and swimming is more
motos   más

healthy. Swimming is a sport that costs very little. You buy a

(tranks)   *(GAG-els)*
bathing suit—personally, I wear trunks—and goggles and that's it!
traje de baño   gafas

(BREST-strok)   *(craul)*
Some swimmers only know the breaststroke; others use the crawl.
algunos nadadores   brazada de pecho   arrastre

(FRANK-li)   *(BEK-strok)*
Frankly, I am a master at the backstroke.
francamente   brazada de espaldas

*Nota: En inglés, "you" se puede usar para representar una persona anónima.

REPORTER   **What a great athlete!**

MR. BROWN   **I think so! As you can see, I am wearing a gold medal on my**
           ¡Yo lo creo!   llevo puesto

                                      (ON-der)   *(UO-ter)*
    trunks. It means that I can swim for five minutes under the water without
               significa   bajo   sin

    breathing.
    respirar

to push

empujar

goggles

las gafas para el agua

bathing suit

el traje de baño

to swim

nadar

breaststroke

crawl

backstroke

REPORTER   **Mr. Brown, you are a great athlete and a great man.**

                      (SIN-guer)
MR. BROWN   **I am also a great singer!**

Vamos a ver si puede contestar las siguientes preguntas sobre usted:

Do you know how to ride a bike? Is bicycling one of your hobbies? Do you know how to swim? Where do you swim—in a pool (piscina) or in the ocean (mar)? What do you wear to go swimming?

Remember

En inglés los adjetivos se usan delante de los nombres que ellos describen. Por ejemplo: big city or big cities, great athlete or great athletes.

¿Puede contestar estas preguntas?

1. Does Mr. Brown ride a bike?

   _____

2. Does he like to swim?

   _____

3. How long can he swim under water?

   _____

4. Who is a great singer?

   _____

Llene los espacios en blanco a continuación:

1. Who is this person?

   He is a _____.

2. What are these?

   They are _____.

3. What stroke is this
   swimmer doing?

   He is doing the _____.

4. What stroke is this
   swimmer doing?

   He is doing the _____.

5. And what stroke does
   this swimmer do?

   He does the _____.

Will You Give Me?

¿Me da ...?

Ahora usted necesita saber cómo decir "a mi," "a él," "a ella," etc. Esto es muy fácil. *Me* y *nos* se dicen **to me** y **to us**, como aprendimos anteriormente. En inglés no hay dos formas distintas para la segunda persona formal y la segunda persona familiar—usamos la misma **to you**. Para la tercera persona femenina se usa **to her**, y para la tercera persona masculina se usa **to him**. En plural para la tercera persona masculina y femenina se dice **to them**, y finalmente, para la segunda persona plural se dice **to you**.

Complementos Indirectos	
(singular)	(plural)
me-me	us-nos
you-te o le	them-les
her or him-le	you-les

En inglés puede también poner el complemento indirecto después del verbo y antes del complemento directo, omitiendo la palabra **to**. Por ejemplo:

I give the book to her. o **I give her the book.**

¿Puede hacer un círculo en la palabra correcta dentro de las posibilidades ofrecidas en cada una de las oraciones siguientes?

1. They give (him, he, his) a check.

2. The boss sends a letter to (them, they, their).

3. I show (her, she, hers) the picture.

4. We tell (them, they, their) the truth.

5. They return our suitcases to (we, our, us).

TO ME, TO YOU, TO HIM

Llene los espacios en blanco con las palabras correctas de la lista de complementos indirectos. Recuerde que estas palabras deben usarse después del verbo.

1. They sell _____ a newspaper. (me)

2. The guide gives the tickets _____. (les)

3. I give _____ the baggage check. (le-masc.)

4. She speaks _____. (nos)

5. Her family writes _____. (le-fem.)

6. Her son doesn't tell _____ the truth. (les)
   dice

7. The boss pays _____ the money. (nos)
   jefe

8. The boss speaks _____. (me)

9. His father reads _____ the article. (te)
   lee

10. The passenger asks _____ the time. (me)

LET'S ORDER SOME FOOD
Vamos a pedir la comida

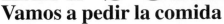

14	(milz) (fud) **Meals/Food** Las comidas

I like to eat.
Me gusta

(DAI-et)
I will start a diet tomorrow.

or

I will go on a diet tomorrow.
me pondré   mañana

¿Qué decimos cuando nos gusta algo?

En español usamos el verbo "gustar" con el pronombre como complemento indirecto. El pronombre como complemento indirecto indica a quien le gusta algo. El sujeto de la oración es la cosa que le gusta a esa persona.

Me gusta *el helado.*

Sin embargo, en inglés, el sujeto indica a la persona que le gusta algo y lo que le gusta a la persona es el complemento directo de la oración.

I like *ice cream.*

La misma forma se usa aunque a la persona le gusten varias cosas:

I like ice cream.  *(VECH-te-bels)*
I don't like vegetables.
legumbres

You like carrots.
zanahorias

(PRI-ti)
She likes pretty dresses.

(BEIS-bol)
He likes baseball.

(TI-cher)
We like the teacher.
maestro

They like the professors.

Diga si le gustan o no las siguientes cosas, diciendo **Yes,**

I like _____ o **No, I don't like** _____:

1. I _____ planes.

2. He _____ parties.

3. You _____ swimming.

4. They _____ museums.

5. She _____ to run.

6. We _____ Peter.

Giving Orders
Imperativo

Cuando usa el imperativo en inglés, es solamente necesario usar el infinitivo sin ningún pronombre sujeto. Por ejemplo:

Be careful!

Speak more slowly, please.

Bring me some bacon and eggs, please.

Remember

Para ser cortés, cuando pida una cosa, debe añadir **I would like**....Recuerde decir **please,** y cuando reciba lo que ha pedido, diga **Thank you** siempre. Entonces todo el mundo dirá, "¡Qué corteses son estos turistas!"

(WANT) **TO WANT = QUERER**	
I want	**we want**
you want	**you want**
he wants	
she wants	**they want**
it wants	

Llene los espacios en blanco con el verbo **TO WANT**.

1. We _____ a room with wi fi.

2. He _____ to buy a newspaper.

3. I _____ to walk along the street.

caminar   por   calle

4. She _____ to take the bus.

5. Mark _____ to go to the museum.

¿Puede contestar estas preguntas?

Do you want a soda?   Do you like sodas?

Do you want to study English?   Do you like to study?

RESPUESTAS

1. want 2. wants 3. want 4. wants 5. wants

Para el desayuno, en los restaurantes puede pedir **juice** (jugo), **bacon or sausages and eggs** (huevos y tocino o salchicha), **potatoes** (patatas), **cereal, bread, or rolls** (cereal, pan, o panecillos), **pancakes** (panqueques), **waffles** (barquillos)...muchas cosas.

Pero muchos americanos toman solamente **toast and coffee** (el pan tostado y el café).

(Brek-fest) Breakfast

El desayuno

(in-ex-PEN-siv) *(RES-te-rant)*
An inexpensive restaurant
barato

PAUL   **When do you like to have breakfast?**
desayunarse

JEAN   **At eight o'clock.**

(pri-FER)
PAUL   **I prefer to have breakfast at a quarter to eight.**
prefiero

(blek) *(KO-fi)*
JEAN   **Do you like coffee with milk or black coffee?**
café   solo

Llene los espacios con las nuevas palabras creando oraciones completas.

PAUL   **I don't like coffee. I prefer tea. My mother**

(OL-ueis)
always serves it.
sirve

Coffee with cream or milk

(chem) *(tost)*
JEAN   **Do you have jam and butter with your toast?**
pan tostado

(ti)
Tea

(NI-t'er)
PAUL   **Neither one! I don't like toast. My family**

(suit)
serves sweet rolls.
pan dulce

Jam

(O-rench) *(chus)*
JEAN   **And orange juice? Do you like it?**
jugo de naranja

PAUL   **No, I don't like it. I prefer to have tomato juice.**
tomate

Butter

JEAN   **Darn it! How are we going to travel together?**
¡Caramba!   juntos

Toast

Orange juice

_____

_____

Sweet rolls

Tomato juice

_____

_____

Ahora llene los espacios en blanco con las palabras que faltan. Luego lea las oraciones en voz alta para ver si las comprende.

1. Do you _____ to have breakfast at six o'clock in the morning?

2. I don't _____ coffee with _____.

3. We like _____ with butter.

4. Paul doesn't _____ orange juice; he likes _____.

Llene los espacios en blanco y esté seguro de decir las palabras en inglés.

(jot)
1. Two hot drinks are: _____ and _____.
calientes

2. Two juices are: _____ and _____.

(kainds) *(bred)*
3. Two kinds of bread are: ___ _____ and _____.

4. Two things we put on bread are: _____ and _____.

Usando los grabados y la conversación de Jean y Paul, vea si puede contestar las siguientes oraciones en inglés. Diga las dos—las preguntas y las respuestas—en voz alta.

1. At what time do you like to have breakfast?

_____

2. What do you prefer, coffee with milk, black coffee or tea?

_____

3. Do you prefer orange juice or tomato juice?

_____

4. What do you have on your toast?

_____

(Tei-bel)
The Table
La mesa

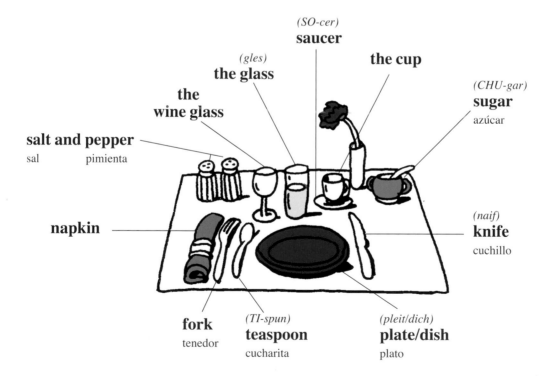

(SO-cer)
saucer

the cup

(gles)
the glass

(CHU-gar)
sugar
azúcar

**the
wine glass**

salt and pepper
sal   pimienta

(naif)
knife
cuchillo

napkin

fork
tenedor

(TI-spun)
teaspoon
cucharita

(pleit/dich)
plate/dish
plato

138

En los Estados Unidos se usan el cuchillo y el tenedor en una forma diferente a la nuestra. Ellos toman el cuchillo en la mano derecha y el tenedor en la izquierda, pero generalmente cambian de mano para llevar la comida a la boca. En otras palabras, el tenedor cambia a la mano derecha.

Ahora ponga una línea de las palabras en la columna 1 a las palabras en la columna 2 que tengan relación.

1.	**to cut** (cortar)	A.	**saucer**
2.	**cup**	B.	**glass**
3.	**orange juice**	C.	**knife**
4.	**sugar**	D.	**to eat**
5.	**meal**	E.	**coffee with milk**
6.	**butter**	F.	**toast**

RESPUESTAS

1C. knife **2A.** saucer **3B.** glass **4E.** coffee with milk **5D.** to eat **6F.** toast

DINNER

La comida, la cena

A continuación está una lista de los platos de la comida que puede ver en el grabado, en el orden en que generalmente se sirven. Dígalos en voz alta varias veces. (Por supuesto, ¡puede empezar con el vino cuando a usted le guste!)

(ap-e-TAI-zers)	(sup)	(SAL-ed)	(VECH-te-bels)		(fich)		
appetizers	**soup**	**salad**	**vegetables**	**main course**	**fish**	**meat**	**dessert**
entremeses	sopa	ensalada	legumbres	plato principal	pescado	carne	postre

Ahora, ¿puede nombrar los platos en voz alta en orden y de memoria? Hágalo varias veces. Conteste las siguientes preguntas sobre el **dinner**. Diga las preguntas y las respuestas en voz alta.

1. What is the first course (plato) for dinner?

_____

2. What course do you like the most?

_____

3. What do you drink in a glass?

_____

4. What do you cut with a knife?

_____

5. What do you drink in a cup?

_____

6. What course do we have before (*antes*) dessert?

_____

7. What is the name of the last course?

_____

8. Do you prefer fish or meat?

_____

LUNCH

El almuerzo

In the United States lunch is usually served

between 12 and 2 P.M. Americans often have

dinner at about 5:30 or 6 o'clock, but many

tourists are not hungry at that time. Are you

(snek)

hungry before 7 o'clock? Do you like to have dinner early? Is it possible to have a snack in

(ef-ter-NUN)   *(pis)*   *(pai)*

the afternoon? If you are hungry you can have coffee and a piece of pie. Generally

pastel

dinner is the most important meal because people don't go home for lunch and they

(JE-vi)   *(uod)*   *(meik)*   *(SLI -pi)*

have to work after lunch. A heavy meal would make them sleepy. Dinner is usually

pesada   sueño

soup, salad, fish, meat, or pasta and dessert. If you are thirsty you can have a soda.

sed

Debajo están los nombres de cuatro horas posibles para comer durante el día. ¿Puede escribirlas y decirlas en voz alta en el orden correcto? (No le aconsejaríamos probarlas todas el mismo día.)

afternoon snack (merienda) _____

lunch (almuerzo) _____

dinner (cena o comida) _____

breakfast (desayuno) _____

¿Puede indicar la exactitud de las siguientes oraciones escribiendo **TRUE** o **FALSE** después de ellas?

1. In the United States they serve dinner at 9:00 P.M. _____

2. If I am hungry, I drink water. _____

3. It is possible to have a snack between lunch and dinner. _____

4. If I am hungry, I eat a sandwich. _____

5. Lunch is the most important meal in the United States. _____

¿Puede añadir las letras que faltan en las siguientes oraciones?

6. I prefer to eat a sa _ _ _ ich for lu _ _ _.

7. They have a sn _ _ _ between lunch and dinner.

8. The last c _ _ _ se is the de _ _e_ _.

The customer asks
for a delicious meal.

The waiter brings him
   camarero trae
the food on a tray.

To Bring, to Take
(bring)   (teik)
Traer, llevar

En inglés dos verbos relacionados muy estrechamente son **TO BRING** y **TO TAKE**. Como ambos verbos significan llevar algo a alguna parte, los americanos usan **BRING** cuando la acción es hacia la persona que habla, y **TAKE** cuando la acción es lejos de la persona que habla.

TRAER = TO BRING

Ejemplos:
 	
    Waiter, bring me a cup of coffee.
    (acción hacia la persona que habla)
 	
    Waiter, take this plate away.
    (acción lejos de la persona que habla)

The menu

Joseph y Philip van a uno de los mejores restaurantes en Nueva York. El número de estrellas que ese restaurante tiene indica la calidad de la comida. (Los restaurantes con una o dos estrellas son más baratos pero no quiere decir que sean malos, los de cuatro estrellas son los mejores —¡y los más caros!) El camarero llega y trae el menú. Ellos van a pedir.

WAITER   **Gentlemen, what would**

   you like to order?
   pedir

   (rost)   (CHI-ken)
   Our specialty is roast chicken.

roast chicken
pollo asado

_____

JOSEPH   **Will you please bring**

   us an appetizer first...

   (DE-viled)
   deviled eggs, no fish.

   And then, two noodle soups.

fish
pescado

_____

deviled eggs
huevos rellenos

_____

PHILIP   **Then we will have two**

   (LET-os)
   lettuce and tomato salads.

   And will you please bring

   a little bit of bread?

noodle soup
sopa de fideos

_____

WAITER   **I will bring the bread and also**
      les traigo

   vinegar and oil for the salads

   right away.
   en seguida

lettuce and tomato salad
ensalada mixta

_____

bread
pan

_____

PHILIP   **Can you bring two orders**

   (grin)   (bins)
   of green beans? Then I will have

   (beiked)   (traut)
   baked trout.
   trucha al horno

oil and vinegar
aceite y vinagre

_____

		wine
		vino

JOSEPH   **For me only meat.**

                Half a roast chicken with rice.

                            arroz

_____

PHILIP   **I will also have a veal chop**

                     chuletas de ternera

sirloin steak
biftec

                with french fries. And

                please also bring a bottle

                        botella

_____

                of the house red wine.

                 vino de la casa

french fries
patatas fritas

WAITER   **And for dessert? Apple pie?**

               postre   tarta de manzana

_____

                Ice cream? Cake?

                   torta

grapes
uvas

JOSEPH   **We don't like sweets.**

                   dulces

_____

                We would like a little bit of

                  poco

cheese
queso

                cheese. And later bring

                two coffees and two brandies.

_____

coffee
café

brandy
coñac

_____

Llene los espacios en blanco para practicar las nuevas palabras. Asegúrese de decir cada una varias veces.

How do you feel?
(fil)
sentirse

Sometimes you feel fine, but unfortunately, sometimes you feel sick.
  bien   mal

In English, you can say either "I feel fine (or well)" or "I am fine."

(eks-PRE-chens)
These expressions are not reflexive in English, as they are in Spanish.
  expresiones   como

If you ever eat too much when you are in a restaurant,

you may want to go to the restroom. On the doors of the

restrooms there will be signs saying Men or Gentlemen
                                          hombres   caballeros

and Women or Ladies.
  mujeres   damas

RESTROOMS
los servicios

¿Puede traducir estas preguntas?

¿Se siente usted bien hoy?

_____

¿Se siente usted contento (contenta) ahora?

_____

¿Se siente usted triste cuando llueve?

_____

¿Se siente usted cansado (cansada) al final del día?

_____

147

Ahora regresemos a nuestra comida. Coloque los números de los platos en la siguiente lista en los espacios en blanco para mostrar a qué grupo pertenecen.

1) appetizers 2) soup 3) salad 4) vegetables
5) fish 6) meat 7) dessert 8) drinks
bedidas

1. _____ cheese

2. _____ tomato

3. _____ roast chicken

4. _____ veal steak

5. _____ clams

6. _____ green beans

7. _____ wine

8. _____ grapes

9. _____ baked trout

10. _____ noodle soup

11. _____ lettuce

12. _____ apple pie

Usando la conversación en las páginas 145 y 146, llene los espacios en blanco:

1. The _____ brings the menu.

2. The _____ of the house is roast _____.

3. First Joseph and Philip will have some _____.

4. The waiter _____ them beans.

5. Joseph doesn't _____ trout; he prefers to have _____.

6. Both will drink a _____ of wine.

7. For dessert, they do not order _____; they prefer _____.

¿Cómo preguntaría usted lo siguiente en inglés?

1. ¿Dónde está el cuarto de baño? _____

2. Por favor tráiganos _____

Debajo hay una lista de otras comidas y bebidas. Úsela para pedir una comida. Puede emplear las frases como están ilustradas a continuación para hacer su pedido:

APPETIZERS

shrimp cocktail
camarones

meatballs
albóndigas

SOUPS

vegetable soup

lentil soup
lentejas

SALADS

tossed salad
mixta

potato salad
ensalada de patatas

VEGETABLES

asparagus
espárragos

spinach
espinacas

FISH

(klemz)
clams
almejas

shrimp
camarón

MEAT

pork chops
chuleta de cerdo

lamb chops
cordero

DESSERT

(A-rench)
orange
naranja

rice pudding
arroz con leche

DRINKS

mineral water
agua mineral

red wine
tinto

149

¿Puede contestar las siguientas preguntas en inglés? Escriba las contestaciones y dígalas en voz alta:

What are you going to have tomorrow for lunch?

_____.

Are you happy (*alegre*) when you drink a lot of wine?

_____.

Do you feel sick when you eat too much? (*demasiado*)

_____.

Restaurant Meals

The United States is well known for fast food that is inexpensive but high in calories
barata

and cholesterol. But you are a tourist, you will be here a short time, and you don't

want to spend too much money. So have a hamburger with french fries! Have a taco

or a pizza!

As in other countries, breakfast at an average restaurant is not expensive, and lunch
promedio

is less expensive than dinner. For breakfast or lunch you are expected to leave a 10
se espera que usted

to 15 percent tip, and for dinner around 20 percent.

If you are in a big city, you will have all kinds of ethnic restaurants, and Hispanic

restaurants are among the most popular. There you will taste delicious dishes from Mexico,

Central and South America.

How much?

some	**any**	**more**	**less**
algún	ningún	más	menos
alguno, alguna	ninguno, ninguna		
algunos, algunas	ningunos, ningunas		

Estas palabras son útiles cuando no quiere especificar una cantidad exacta.

Por ejemplo:

I would like some beans.
He does not want any potatoes.
Please bring us more coffee.
I like less salt in my food.

Ponga las palabras en el orden correcto para que tengan sentido:

1. coffee/I am going/a cup/to have/of

_____

2. where/the/is/bathroom

_____

3. does/like/Philip/not/fries/french

_____

4. bring/you/can/of/wine/a/bottle/me

_____

5. feel/I/well/not/today/do

_____

HOW ARE WE DOING?
¿Cómo andamos?

¿Puede combinar las palabras en la columna de la izquierda con sus antónimos o contrarios en la columna de la derecha?

1. to the right   **A.** near

2. far   **B.** in front of

3. behind   **C.** to the left

Escriba el nombre de la lengua que se habla en los países nombrados a continuación:

Great Britain _____   Spain _____

Russia _____   Germany _____

Italy _____   France _____

Escriba la letra de la columna 2 que corresponde a la oración de la columna 1:

Columna 1   Columna 2

1. ____ I am ninety years old.   **A.** a Chinese

2. ____ I run 15 miles every day.   **B.** an athlete

3. ____ I bring the menu.   **C.** a mechanic

4. ____ I repair cars.   **D.** a bellboy

5. ____ I speak Chinese.   **E.** an old person

6. ____ I eat at a restaurant.   **F.** a driver

7. ____ I drive the bus.   **G.** a waiter

8. ____ I live in Spain.   **H.** a customer

9. ____ I carry the suitcases.   **I.** a Spaniard

RESPUESTAS

Pares: 1.E 2.B 3.G 4.C 5.A 6.H 7.F 8.I 9.D

Lenguas: English, Russian, Italian, Spanish, German, French

Antónimos: 1-C, 2-A, 3-B

Vea cómo hace este crucigrama:

HORIZONTALES

1. postre
2. ver
5. entrada
7. a
9. llegar
11. decir
14. noche
17. claro
18. doce

VERTICALES

1. contracción de (he) do + not
3. uno
4. madre
6. viajar (he _____)
8. día
10. lluvia
12. pero
13. nieve
15. veo
16. hola

153

Subraye la palabra que no corresponde:

1. flight, suitcases, vegetables

2. son, car, grandfather

3. check-in desk, hotel, waiter

4. time, street, corner

5. next to, behind, employee

6. subway, language, taxi

7. waiter, midnight, noon

8. country, baggage car, berth

9. tank, tire, shower

10. plane, season, month

Haga un círculo alrededor de la pregunta que daría las siguientes contestaciones:

1. Tomorrow—Who?   When?   Why?

2. On the street—What?   Where?   How?

3. Two thousand dollars—How much?   When?   How?

4. It is a sink—Who?   What?   How?

5. He is an employee—How?   What?   Who?

6. Very well, thank you—How?   Where?   What?

Identifique la categoría a que pertenecen las siguientes palabras, escribiendo "C" para "comida," "V" para "viaje," o "D" para "diversión" después de cada una:

1. train _____   **2.** ice cream _____   **3.** car _____   **4.** movies _____

5. chicken _____   **6.** road _____   **7.** theater _____   **8.** highway _____

9. rice _____   **10.** movie _____   **11.** grapes _____   **12.** plane _____

¿Puede poner las letras en los verbos de cada oración a continuación?

1. I gi __ __ him the money.

2. The employee ret __ __ __ __ ten dollars to me.

3. I am n __ __ afraid to fly.

4. I don't t _ k _ a trip.

5. We wr __ __ __ our new address.

6. I don't fe __ __ well.

7. It rai __ __ a lot in April.

8. It sno __ __ a lot in winter.

9. We s _ ll the car.

10. The waiter ser_ _ _ us.

11. The customers pre_ _ _ that table.

Haga un círculo alrededor de la palabra o frase que complete las oraciones:

1. The waiter (needs, brings, comes) our meal.

2. It is very (hot, cold, windy) in summertime.

3. We eat meat with a (fork, spoon, cup).

4. In the United States dinner is at (six, four, ten) o'clock.

5. Mark is a good (wife, daughter, son).

Llene los espacios con las palabras correctas de la lista de la derecha:

1. I am twenty _____ old.   hurry

2. They want to eat because they are _____.   thirsty

3. He wants to drink because he is _____.   years

4. We run because we are in a _____.   careful

5. I have many accidents because I am not _____ when I drive my car.   hungry

6. I am not _____ with the lotto.   lucky

¿Qué respondería a las siguientes preguntas y frases?

1. How are you? _____

2. Thank you. _____

3. What is your name? _____

4. How old are you? _____

5. What time is it? _____

¿Puede nombrar el mes que sigue a los de la lista siguiente?

July _____ September _____ November _____

¿Qué mes precede a cada uno de los siguientes?

_____ February _____ April _____ June

¿Puede arreglar las letras a continuación para escribir los días de la semana en inglés?

1. YADRUTAS _____   5. OMNAYD _____

2. DAYUSN _____   6. SEUTYAD _____

3. NESAYDEDW _____   7. RIFDYA _____

4. HURTSYAD _____

Llene los espacios en blanco con el pronombre correcto.

1. The clerk sees (nos) _____.

2. The boy wants a newspaper and buys (lo) _____ at the newsstand.

3. The waiter brings the bill and I pay (lo) _____.

4. The girls see (me) _____.

5. I give the suitcases to the bellboy and he takes (las) _____ to the taxi.

6. We pay for the tickets and the clerk gives (los) _____ to my father.

¿Recuerda los números en inglés? Escriba los que están a continuación:

213 _____   767 _____

322 _____   878 _____

433 _____   989 _____

545 _____   1215 _____

656 _____

¿Puede escribir el equivalente en inglés de las palabras que están debajo?

1. The waiter returns the money _____ _____
                                       (le)

2. The clerk sells the tickets _____ _____
                                      (les)

3. They don't tell _____ the truth.
                      (me)

RESPUESTAS

Pronombres: 1. us 2. it 3. it 4. me 5. them 6. them

Equivalentes: 1. to him 2. to them 3. me

158

AT THE STORE

En la tienda

16	*(KLO t'íng)* *(SAI-zes)* **Clothing, Sizes,** la ropa las tallas *(ME-cher-ments)* *(BEI-sik)* *(KO-lerz)* **Measurements, and Basic Colors** las medidas y los colores principales

¿Se siente con ganas de comprar ropa? Aquí están las palabras que le permitirán gastar tanto como quiera.

(teik)
to take off
quitarse

(TRAI-ing)   *(kloz)*
Trying on clothes
probarse la ropa

to put on
ponerse

Debajo hay dos nuevos verbos que debe practicar escribiendo las diferentes formas. Asegúrese de decirlas en voz alta hasta que las sepa bien:

TO PUT ON			
I put on	**we put on**	**I** _____ **my hat.**	**We** _____ **our hats.**
you put on		**You** _____ **your hat(s).**	
he puts on		**He** _____ **his hat.**	
she puts on	**they put on**	**She** _____ **her hat.**	**They** _____ **their hats.**

TO TAKE OFF			
I take off	we take off	I _____ my hat.	We _____ our hats.
you take off		You _____ your hat (s).	
he takes off		He _____ his hat.	
she takes off	they take off	She _____ her hat.	They_____ their hats.

Nota: Estos verbos no son reflexivos en inglés. Por lo general, los verbos reflexivos son menos comunes en inglés.

MEN'S CLOTHING

La ropa de hombre

Practique escribiendo las nuevas palabras debajo de los siguientes grabados. Esté seguro de repetirlas en voz alta hasta que las sepa bien:

(saks)
socks

_____

(O-ver-kot)
overcoat

_____

(chert)
shirt

_____

(Un turista va a una tienda de ropa en una gran ciudad.)

handkerchief
handkerchief

_____

CLERK	Can I help you, sir?
TOURIST	My luggage has been lost and I need <small>necesito</small>
	new clothes.
	I need underwear, <small>ropa interior</small>
	tee shirts, a white shirt,
	and a black tie. <small>negra</small>
CLERK	And a new suit, too?
TOURIST	Yes, can you please
	(cho) show me a suit? <small>mostrarme</small>
	I wear a size 34. <small>uso</small>

(tai)
tie

_____

(pents)
pants

_____

(SUE-ter)
sweater

(chorts)
shorts

_____

(TI-chert)
tee-shirt

_____

(kep)
cap

_____

(om-BRE-la)
umbrella

(Rein-kot)
raincoat

_____

_____

(sut)
suit

_____

gloves

_____

jacket

_____

belt

_____

boots

_____

hat

_____

CLERK	At this time, I don't have a suit in your size. Can I show you a jacket chaqueta and pants? pantalones
TOURIST	OK. Where can I try on probarme the pants? *Él se los prueba y le quedan muy grandes.*
CLERK	They fit you perfectly! Now, all you need is a new belt! cinturón

Escriba **True** o **False** en cada una de las oraciones siguientes:

1. The tourist needs to buy new clothes. _____

2. He doesn't want to buy underwear. _____

3. The tourist wears suit size 44. _____

4. The pants fit him perfectly. _____

5. The clerk says that the tourist needs a new belt. _____

Cuando un hombre se viste por la mañana, ¿en qué orden se pone la ropa? Escriba los números debajo de los artículos para enseñar el orden:

belt   socks   hat   underwear

_____   _____   _____   _____

tie   shirt   pants

_____   _____   _____

¿Puede llenar los espacios en blanco con la palabra en inglés correspondiente a la palabra indicada en español?

1. _____ my clothes in the morning.
        (Me pongo)

2. _____ my clothes at night.
        (Me quito)

Nota: En estas oraciones usamos **my** en vez de **la**. Generalmente, en inglés se usa **my**, **your**, **our**, etc. hablando de prendas de vestir en vez de *el*, *la*, *los*, *las*.

3. The pants _____ well.
              (me quedan)

Trate de contestar las siguientes preguntas con oraciones completas en inglés:

4. Where can you buy clothes?

_____

5. Do you buy clothes if they don't fit you well?

_____

6. Do you need a new sweater?

_____

When you need something

TO NEED = HACER FALTA

En inglés, usamos **need** por *hacer falta*. Es como el verbo **like**—decimos **I need something.**

sujeto + need + complemento

Por ejemplo:

I need a new suit.

He needs a pair of shoes.

They need a ticket.

Pero puede usar el verbo **to have** también para expresar necesidad. Usamos **to have** con otro verbo.

sujeto + to have + infinitivo

Por ejemplo:

I have to buy a new suit.

She has to take a trip.

You have to turn left here.

(gud)   *(BE-ter)*   *(best)*
Good, Better, Best
bueno   mejor   óptimo

Sometimes things are good, but not good enough. You want something better.
bastante

(bos)

You say to the clerk in the store, "I have to buy a present for my boss. I need
jefe

(CUAL-i-ti)

something better. Is this your best quality?"
calidad

Si usted es un hombre y necesita comprar ropa, usted querrá usar las siguientes oraciones. Recuerde que hablando de ropa, **to wear** quiere decir llevar o usar. Llene los espacios; luego escriba las oraciones y practique diciéndolas en voz alta:

1. In shirts, I wear size _____.

2. I need a suit size _____.

Coloque la prenda de vestir de su preferencia en los espacios en blanco y lea en voz alta:

1. Do you want to show me a _____?

2. Can I try on a _____?

3. Can you alter this _____?
   (OL-ter)
   arreglar

4. This _____ doesn't fit me well.

Llene los espacios en blanco con las palabras representadas:

1. If it is cold, I wear a _____.

2. If it is cool, I take off my coat and put on a

   _____.

3. If it is snowing, I put on my _____.

4. If it rains, I take off my coat and put on my

   _____.

5. When it rains I also carry (llevo) an

   _____.

SIZES
Las tallas

Las tallas de ropa y zapatos son diferentes en Estados Unidos y Europa. Los siguientes cuadros le ayudarán a comprender la diferencia entre **American size** y **European size:**

MEN'S SIZES								
Shirts								
American size	14	14½	15	15½	16	16½	17	17½
European size	36	37	38	39	40	41	42	43
Other clothes								
American size	34	36	38	40	42	44	46	48
European size	44	46	48	50	52	54	56	58

WOMEN'S SIZES							
Blouses							
American size	32	34	36	38	40	42	44
European size	40	42	44	46	48	50	52
Other clothes							
American size	8	10	12	14	16	18	
European size	36	38	40	42	44	46	

WOMEN'S CLOTHES

La ropa de mujer

Practique las siguientes palabras, escribiéndolas en los espacios en blanco y diciéndolas en voz alta:

(BEI-sik)   *(KO-lerz)*
Basic Colors

Colores principales

the yellow panties

_____

(YE-lo)
a yellow bra

_____

a white slip

_____

a red purse

_____

(blaus)
a green blouse

(blu)
a blue dress

_____

_____

a red skirt

a green handkerchief

_____

_____

¿Puede contestar las siguientes preguntas sobre los dibujos?

Ejemplo: **What color is the skirt? The skirt is red.**

What color is the dress? _____.

What color is the blouse? _____.

¿Puede continuar con los otros artículos representados?

RESPUESTAS

Dibujos: The dress is blue. The blouse is green.

167

MEN'S AND WOMEN'S SHOES
(chuz)

Los zapatos de hombre y de mujer

(NA-ro)
The shoes are narrow.
estrechos

(tait)
They are tight.
me   aprietan

(uaid)
The shoes are too wide.
demasiado anchos

Shoe Sizes
Números

What size shoe do you wear? (¿Qué número calza usted?)

Consulte el cuadro siguiente y escriba su respuesta:

I wear size _____.

the shoes

the sandals

the boots

Men's shoes										
American size	7	7½	8	8½	9	9½	10	10½	11	11 ½
European size	39	40	41	42	43	43	44	44	45	45

Women's shoes									
American size	5	5½	6	6½	7	7½	8	8½	9
European size	35	35	36	37	38	38	38	39	40

Martha wants to buy new clothes to go to a party at Theresa's house.

(peirs)

She goes to the shoe store and she tries on many pairs of shoes.
zapatería   se prueba

Some are too narrow and so they are too tight. Others are too wide.

Finally, she buys a pair that fits her well. At the department store a

salesman waits on her. He shows her green, yellow, and black skirts.
le atiende   le muestra

Martha buys a permanent-press skirt and a polyester blouse. She
inarrugable   poliéster

always likes to wear a red blouse. When she goes to the party, she

(AUT-fit)

sees that Theresa is wearing the same outfit!
mismo

Escriba sus contestaciones a las siguientes preguntas:

What does Martha wear to the party? _____.

Who is wearing the same outfit? _____.

Si usted está interesado en ropa, aquí hay algunas palabras y expresiones, hechas especialmente para impresionar al vendedor. Escríbalas y dígalas en voz alta para practicar:

(uol)
I want something in wool _____   **silk** _____
algo de lana   seda

(CA-ten)   *(NAI-lon)*
     cotton _____   **nylon** _____
     algodón   nilón

     denim _____   **leather** _____
     dril de algodón   cuero

(sueid)
     suede _____
     gamuza

(ME-chur)
Do you want to measure me? _____
tomarme la medida

(CUAL-i-ti)
I would like something of a better quality. _____
mejor   calidad

Do you have something handmade? _____
hecho a mano

(smol)
It is too big/small/short. _____
pequeño

I don't like the color orange; I prefer _____.
anaranjado

Do you have a _____ in the color _____?

Trate de practicar algunas situaciones imaginarias en las que usted podría usar las expresiones anteriores con varias prendas de vestir.

Usted ha sido nombrado el mejor hombre vestido o la mejor mujer vestida del año...¿Puede describir lo que generalmente usa para haber ganado este honor? Use palabras y expresiones como **to wear, to fit me well, everyday I put on, I prefer, I like,** etc. No se olvide de describir el color de la ropa.

¿Qué usa el peor hombre vestido o la peor mujer vestida? ¡Sea terrible!

_____

_____

¿Qué colores asocia usted con las cosas a continuación?

Escríbalos:

1. el mar _____
2. la hierba _____
3. el sol _____
4. la nieve _____
5. el carbón _____
6. las ascuas calientes _____
7. las mejillas de un bebé _____
8. un cielo nublado _____

17 | Grocery Stores
Las tiendas de comestibles

Weights and Measures
(ueits) *(ME-charz)*

Pesos y medidas

Dairy
Lechería

Produce Store
Verdulería, frutería

Bakery
Panadería, pastelería

Meat Market
Carnicería

Fish Store
Pescadería

Bakery
Pastelería

Liquor Store
Licorería

Candy Store
Confitería

Ice Cream Parlor
Heladería

To Ask Questions
(KUES-chons)

Hacer preguntas

Para decir "hacer una pregunta" en inglés usamos la expresión **to ask a question.** En español hacemos una pregunta a alguien, pero en inglés le hacemos a alguien una pregunta.

Por ejemplo: **Our son asks us a question.**
Nuestro hijo nos hace una pregunta.

I ask the policeman a question.
Le hago una pregunta al policía.

Trate de decir las oraciones siguientes en inglés:

1. Yo le hago una pregunta a María. _____

2. Ellos me hacen una pregunta tonta. _____

3. Los turistas nos hacen muchas preguntas. _____

4. Usted me hace una pregunta difícil. _____

5. Nosotros le hacemos una pregunta al guía. _____

Too Many Questions

Demasiadas preguntas

THE INQUISITIVE ONE
el preguntón

**I would like to ask you a question:
Where can I buy milk?**

THE POLICEMAN
el guardia

**They sell milk in the dairy store
on the corner.**

INQUISITIVE ONE

**And if I need vegetables and fruit,
where do I go?**
¿adónde voy?

POLICEMAN

To the vegetable store.

INQUISITIVE ONE
POLICEMAN

And if I want meat and bread?
To the meat market and the bakery.

INQUISITIVE ONE
POLICEMAN

How about fish and candy?
You have to go to the fish store and the candy shop.

173

INQUISITIVE ONE	**And where do I go if I want cake?**
POLICEMAN	**Well, you must go to the bakery to buy cakes, pies, and cookies.**
INQUISITIVE ONE	**And where can I get ice cream or wine?**
POLICEMAN	**To the ice cream parlor and the liquor store…But if you want, you can do all your shopping at the supermarket.**

Tarje los artículos que no pueda encontrar en cada una de estas tiendas:

1. Dairy store—butter, cheese, wine

2. Meat market—lamb, oranges, veal

3. Vegetable store—bread, asparagus, grapes

4. Fish store—spinach, trout, tuna

5. Candy store—chocolate bar, tomatoes, candy

6. Bakery—cake, pie, rice

7. Ice cream parlor—ice cream, soda, fish

8. Liquor store—wine, beer, shrimp

Another Verb

El verbo **to get** es interesante. Puede corresponder a *recibir, obtener, ganar, traer, hacer, poner,* y muchos otros verbos. Puede oír este verbo muchas veces.
Por ejemplo:

(RE-di)
We have to get ready now.
preparar

She went to the store to get some bread.
comprar

(plei)
The children get dirty when they play.
ponerse   jugar

(PRE-sents)
You get presents on your birthday.
recibir regalos   cumpleaños

They get out of the taxi.
bajar

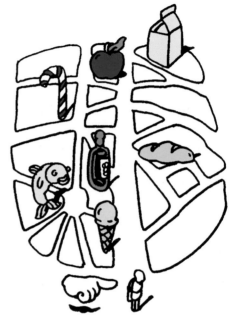

How do we get to the bakery?
¿Por dónde vamos para ir a la panadería?

Suponga que alguien lo detiene en la calle y le pregunta direcciones para ir a la panadería. ¿Puede darle las instrucciones correctas? Use el mapa de la derecha. En este momento la persona está en el lugar marcado en el dibujo.

1. Go _____ past the _____ .
   derecho   heladería

2. Continue until you pass the _____ .
   licorería

3. _____ , and then turn left.
   Doble a la derecha

4. The bakery will be on your _____ .
   izquierda

5. If you pass the _____ , you have gone too far!
   verdulería

WEIGHTS AND MEASURES

Pesos y medidas

(uei)
to weigh
pesar

(ueit)
weight
peso

Para su información, incluimos debajo dos cuadros con la conversión estadounidense de pesos y medidas a la nuestra:

WEIGHT EQUIVALENTS		
one pound	=	454 grams
half a pound	=	227 grams
one ounce	=	28.35 grams

LIQUID EQUIVALENTS		
one pint	=	0.473 liter
one quart	=	0.946 liter
one gallon	=	3.785 liters

Ahora, ¿puede usted contestar las siguientes preguntas? Use cantidades aproximadas.

1. *(uei)* How much do you weigh? _____.

2. How much water do you drink each day? _____.

3. What is your best friend's weight? _____.

4. How many ounces are there in a pound? *(aunces)* *(paund)* _____ .

5. How many gallons of gasoline are there in your car? _____ .

Aquí hay algunas expresiones útiles que puede usar cuando compre comida. Escríbalas y dígalas en voz alta:

A dozen _____

Half a dozen of _____

A pound of _____

Half a pound of _____

A quarter of a pound of _____

I would like _____
quisera

How much does this weigh? _____

How much per dozen? _____

How much does this cost? _____

That is too much. _____

AT THE GROCERY STORE

En la tienda de comestibles

Pregúntele al empleado por los diferentes artículos presentados en los grabados. Empiece las oraciones como hemos indicado en las preguntas que siguen a los dibujos y termínelas como usted desee.

(sop)
soap
jabón

_____

a half dozen lemons
limones

_____

instant coffee
café instantáneo

_____

a can of vegetables
lata   legumbres

_____

177

a roll of toilet paper
un rollo de papel higiénico

_____

a bag of sugar
una bolsa de azúcar

_____

cherries
cerezas

_____

a half pound of cherries
media libra de cerezas

_____

a dozen eggs
una docena de huevos

_____

a box of cookies
una caja de galletas

_____

(cuart)
a quart of milk
un litro de leche

_____

Comprar comida en los Estados Unidos se hace generalmente una vez a la semana porque aquí casi todo está impregnado de preservativos químicos y a menudo irradiado. Sin embargo hay un creciente número de personas que prefieren comprar alimentos naturales (**natural foods**) para vivir más sanos.

1. I would like some _____

2. I need _____

3. We need _____

4. We are looking for _____
        buscamos

5. Do you have _____

The Supermarket

Supermercado

Como en todas partes, los supermercados tienen casi todas las clases de comida que una persona puede imaginar. Pero en las ciudades pequeñas y en los barrios de ciudades grandes usted puede encontrar pequeñas tiendas especializadas en artículos diferentes, como pescado fresco, productos lácteos, etc. Y también puede ir al **farmer's market** (mercado al aire libre).

Imagínese que usted prefiere no ir al supermercado. En vez de eso, irá a la tienda especializada en los diferentes artículos. ¿Qué lugares visitaremos para comprar las cosas mencionadas en las siguientes oraciones? Use los mismos nombres de las tiendas representadas anteriormente en esta sección.

farmer's market

1. We can find rolls and bread at the _____.
   panecillos

2. They sell ham at the _____.

3. If we need fresh strawberries, we can go to the_____.
   fresas

4. They sell whipped cream at the_____.
   nata

5. If we want lobster, we can buy it at the _____.
   langosta

¿Puede hacer preguntas que traigan las siguientes respuestas?

1. They cost 40 cents a pound._____.

2. They weigh a quarter of a pound. _____.

Una **drugstore** es una combinación de farmacia y tienda. Usted puede comprar medicinas en la *drugstore*. Aquí se venden medicinas y productos para el cuidado de la salud. Es adonde usted debe ir para conseguir una receta (**prescription**). Pero aquí también puede conseguir una gran variedad de productos, muchos de ellos no relacionados con necesidades médicas: toallitas de papel para la cara, champú, cosas para el cuidado del cabello, etc.

AT THE DRUGSTORE
En la farmacia-tienda

(blo) *(DRAI-er)*
blow-dryer
la secadora portátil

(com)
comb
el peine

(crim)
cold cream
crema facial

(neil) *(PA-ich)*
nail polish
esmalte de uñas

(JER-brach)
hairbrush
cepillo de pelo

(TI-chus)
box of tissues
caja de toallitas

(TUT'-brach)
toothbrush
cepillo de dientes

mirror
espejo

(peist)
toothpaste
pasta dc dientes

lipstick
lápiz de labios

(sprei)
hairspray
laca para el pelo

(blach)
blush
colorete

mascara
cosmético para
las pestañas

nail polish remover
quitaesmalte

Amanda and Fran go to a drugstore and go to the cosmetics counter. Amanda looks at herself in the mirror.
se mira

AMANDA	**I need to buy cold cream and a box of tissues.**
FRAN	**I never use cold cream: it costs too much. Do you**
	demasiado
	usually buy your make-up here? This store is for rich
	rica
	people, not for poor people, like us!
	pobre como
AMANDA	**True, but I can't find good products in our**
	(NEI-bor-jud)
	neighborhood.
	vecindad

FRAN	Let me tell you something. I can't buy things in this
	una cosa

drugstore because the prices are too high.

altos

SALESMAN	Good afternoon, ladies. Can I help you?
	Buenas tardes

AMANDA	I need a comb, a brush, and some hairspray. I also would like to buy a toothbrush and some toothpaste. How much is it?

SALESMAN	The toothbrush is $4.75 and the toothpaste is $3.25.

FRAN	Do you see what I mean? You are going to spend

gastar

a lot of money!

AMANDA	I would also like to see some make-up: blush, lipstick and mascara, please. Oh, and some nail polish remover, too.

FRAN	Do you know something? You spend too much money!

AMANDA	It doesn't matter. These things are
	no importa

not for me—they are for my husband.

FRAN	*(con una mirada de asombro)* What?

AMANDA	Oh, don't misunderstand me!

(BYU-ti-ful)

I mean that I spend so much money to look beautiful for him!

quero decir   tanto dinero   bella

How Do I Look?

¿Cómo luzco?

TO LOOK = PARECER

He aquí otro empleo para el verbo **to look.**

> **You look very well today.**

> **That color looks very good on you.**

¿Puede comprender estas frases?

You look hungry. Do you want to get something to eat?

That dress looks very good on you. Do you want to buy it?

You look tired. Do you want to go to sleep?

¿Puede contestar estas preguntas?

1. Does the color blue look good on you?

    _____

2. Do you look tired at the end of the day?

    _____

3. Do you look happy when it is a nice day?

    _____

4. Do you look sad when your suitcase is lost?

    _____

1. Nombre algunas cosas que un hombre puede comprarse en una **drugstore:**

   _____

   _____

2. ¿Cuáles son dos cosas que las mujeres usan en las uñas?

   _____

   _____

3. Nombre tres productos de belleza que se usan para la cara, los labios y los ojos:

   _____

   _____

4. ¿Qué usan las mujeres para el pelo? _____

   _____

HENRY   **Do you sell fruit here?**

SALESMAN   **No. To buy fruit you have to go to the supermarket or to the vegetable store.**

HENRY   **Do you have cigarettes and lighters?**
             cigarillos   encendedores

SALESMAN   **Yes, those I have.**

lighter   **cigarettes**

_____   _____

 deodorant _____

 electric razor _____

HENRY
(REI-zer)
I also need deodorant, a razor, and some razor

(bleids)   (i-lek-trik)
blades. My electric razor doesn't work in this country.

no funciona
The electricity is no good here.

razor blades

SALESMAN
The problem is not with the electricity, it's with your

razor. You see, you have to buy a converter for your razor.

transformador

HENRY
Oh, no! Another problem!

SALESMAN
(cheiv)   (bird)
I have an idea: Don't shave! After all, I have a beard,

(KREI-zi)
and women are crazy about me!

locas   por

razor

_____

Llene los siguientes espacios en blanco, usando palabras inglesas:

1. Nombre dos cosas que usted encuentra en una tabaquería:

_____ , _____

2. ¿Qué cosas usan los hombres para afeitarse?

_____ , _____ , _____

3. ¿Qué hay que usar para no ofender a otros, especialmente cuando hace calor?

_____

AT THE PHARMACY COUNTER

En la farmacia

I believe you are too late!
creo   tarde

aspirin
aspirina

pills
píldoras

_____

Mary goes to the drugstore to buy a few things. She asks for
algunas

bandages, alcohol, and a thermometer. She tells the pharmacist that
vendas

she has a headache, and he gives her some aspirin. She is putting on
dolor de cabeza   engorda

weight, she feels sick in the morning, and she is nauseous. The
mareada

pharmacist says, "I think that you need talcum powder, safety pins,

and diapers!"

Band-Aids®
tiritas

_____

thermometer
termómetro

_____

talcum powder
talco

safety pins
alfileres de seguridad

diapers
pañales

_____   _____   _____

Aquí están algunas frases útiles para sus pequeños problemas y sus necesidades higiénicas:

I need something for:

(in-di-CHES-chon)
indigestion
indigestión

a cold
resfriado

constipation
estreñimiento

a sore throat
dolor de garganta

I would like to buy:

an antacid
antiácido

an antiseptic
antiséptico

(AI-o-dain)
iodine
yodo

bandages
vendas

cotton
algodón

(SI-zors)
scissors
tijeras

I have:

(daya-RI-a)
diarrhea
diarrea

diabetes
diabetes

(kof)
a cough
tos

(FI-ver)
a fever
fiebre

a headache
dolor de cabeza

(kremps)
cramps
calambres

(kut)
a cut
cortadura

(SAN-bern)
sunburn
quemadura de sol

the flu
gripe

a toothache
dolor de muelas

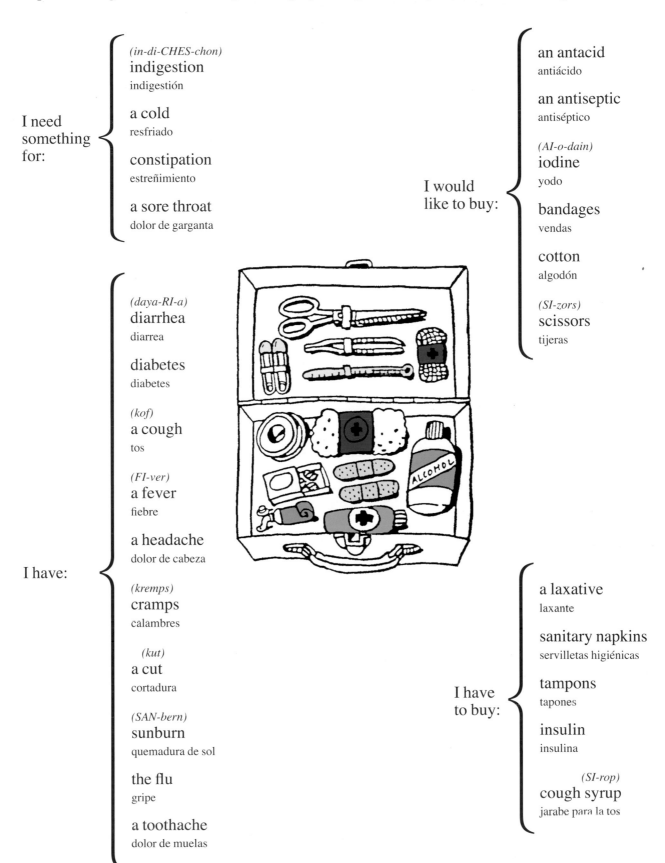

I have to buy:

a laxative
laxante

sanitary napkins
servilletas higiénicas

tampons
tapones

insulin
insulina

(SI-rop)
cough syrup
jarabe para la tos

(UA-ching) (ma-CHIN)
washing machine
la lavadora

(DRAI-er)
dryer
la secadora

En Estados Unidos hay muchas tintorerías, y además, la mayoría de los hoteles ofrecen servicios de lavado de ropa incluyendo planchado y remiendo por precios muy razonables. Para el turista que está siempre de un lado para otro, esta solución le permite ver o visitar diferentes lugares sin la pérdida de tiempo y el fastidio de hacer su propio lavado.

(LON-dro-met)

LAUNDROMAT

Susana, una alumna extranjera de intercambio estudiantil, va a lavar la ropa por primera vez en el establecimiento de lavadoras automáticas. Afortunadamente para ella, una señora con varios niños también está haciendo su lavado.

SUSANA   **Excuse me, can you please help me?**
How much detergent do I
               detergente
                                          (lan-cher-EI)
put in the machine to wash my lingerie?
               ropa blanca

detergent
detergente

_____

LADY   **Well, only half a cup for so little.**

SUSANA   *(pensando)* **It is not enough.** *(Pone dos*
tazas llenas y la espuma empieza a desbordarse.)

basket
cesto

_____

LADY   *(alarmada)* **Only half a cup! If you use**
                  (yus)

            (yul)
            more, you'll have problems.

Susana finalmente está lista para secar la ropa. Otra muchacha joven, una estudiante, está en la vecindad.

dryer
secadora

SUSANA   **Can you tell me how many coins I have**
                            monedas

_____

            to put in the dryer to use it? By the way,
            meter   a proposito

clothesline
cordel

            where is the slot?
                ranura

            (La secadora no empieza a funcionar.)

_____

STUDENT   **You have to press this button. Then the**
                apretar   boton

to hang clothes
tender la ropa

            machine starts and it dries your clothes.
                        seca

_____

SUSANA   **This is the first time I am washing my**
                    vez   lavo

            clothes at a laundromat. My mother

            always does my laundry at home.

clothes pins
pinzas

STUDENT   **Oh, are you a new student here? I am in**

_____

                      (CA-lech)
            the third year at the college.
                universidad

SUSANA   **Are you a student, too? How wonderful!**

                    (tok)
            Can we get together to talk? I would like
            juntamos

ironing board
tabla de planchar

            to ask many questions about college life.
                      sobre   vida

_____

iron
plancha

_____

189

Trate de contestar las preguntas siguientes:

1. At the laundry, what two machines do you have to deal with?

   _____

2. What does the washing machine do? The washing machine _____ your clothes.

3. What does the dryer do? The dryer _____ your clothes.

4. Besides clothes, what must you put in the washing machine? _____

5. What must you put in the washing machine slot? _____

6. Where do we put the coins? We put the coins in the _____

THE HOTEL: THE LAUNDRY AND THE
Lavado de ropa
DRY CLEANER'S
Lavado en seco

Si usted decide no usar las lavadoras automáticas y usar los servicios de lavandería y tintorería del hotel, usted necesitará saber las siguientes expresiones. Trate de escribirlas en los espacios en blanco y repítalas en voz alta:

Do you have laundry service? _____

I have clothes to wash. _____

(so)
Can you sew a button on this shirt for me? _____
coser

(sliv)
Can you mend the sleeve of this blouse for me? _____

I don't want starch in my underwear! _____
almidón

Can you iron this shirt again? _____

otra vez

Can you take this suit to be dry-cleaned? _____

llevar

Can you take out this stain? _____

quitar   mancha

Can I hang wet clothes in the bathroom? _____

tender   mojada

(kom-PLEINTS)

COMPLAINTS

Las quejas

John always sends his clothes to the hotel laundry and dry cleaner's.

manda

However, this time there are problems. There is a mix-up, and many of

sin embargo   equivocación

the clothes that they return to him belong to another person. He goes to the

que

manager to complain. In the first place, he never wears a bra or pantyhose.

gerente   en primer lugar   sostén   pantimedias

Besides, his shirts have too much starch, and one of them is completely ruined; it is scorched.

además   arruinada   chamuscada

He is also missing two socks—one is red and the other is green. The suit that is back from the
faltan   devuelven

dry cleaner's still has a stain on the sleeve. He has a right to complain, doesn't he?
todavía

¿Cómo se quejaría usted sobre tales cosas? Usted querría usar algunas de las siguientes frases o expresiones. Escríbalas y dígalas en voz alta:

I have a complaint. _____

There has been a mix-up. _____

These clothes belong to someone else. _____

This shirt has too much starch. _____

My clothes are ruined. _____

This shirt is scorched. _____

A button is missing. _____

There is a stain on these pants. _____

I am missing a pair of socks. _____

1. This shirt is missing: a clothesline, a stain, a button.

2. This shirt is: ruined, scorched, closed.

3. There is a: button, washing machine, stain on my suit.

4. I am missing: I like, I call, my underwear.

5. This shirt has too much: cotton, starch, rouge.

6. These suits: belong to someone else, are ours, are pretty.

20 | (BIU-ti) (PAR-ler) (BAR-ber-chop)
The Beauty Parlor and the Barbershop
La peluquería y la barbería

The Beauty Parlor
La peluquería

Usted puede querer arreglarse el pelo mientras viaja. Esperamos que no le pase nada semejante a esto.

(Josephine va a la peluquería como todas las semanas.)

BEAUTICIAN **What would you like, madam?**
(peluquero)

permanent
permanente

_____

JOSEPHINE (TOCH-op)
A wash and set, please, and a touch-up.
lavado   peinado   retoque

hair wash
lavar el pelo

_____

(FEI-chel)
And can I also have a facial and a manicure?

facial
masaje facial

_____

BEAUTICIAN

(kom-PLEK-chon)

You have a dark complexion and your
morena

hair is also dark. What color would

you like the rinse? The same color, or
enjuague   mismo

a little darker?
más oscuro

JOSEPHINE

(LAI-ter)   *(kerlz)*

A little lighter, please. I want curls on
más claro   rizos

(saidz)   *(ueivz)*

the sides and waves on top. Can you
a los lados   ondas   arriba

cut a little in the back? I don't like
por detrás

long hair.
largo

(Una hora más tarde el peluquero cepilla el pelo de Josephine y ella se mira en el espejo.)

JOSEPHINE

(bland)

Oh, my goodness! I am a blonde, and
rubia

(chort)

my hair is very short!
pelo   corto

manicure
manicura

_____

shampoo
champú

_____

rollers
rulos

_____

to brush
cepillar

_____

hairbrush
cepillo

_____

194

Aquí están algunas oraciones útiles que una mujer querría saber antes de ir a la peluquería. Escríbalas y dígalas en voz alta:

I would like to make an appointment for tomorrow.
turno

_____

(JER-kat)
I need a haircut.
corte de pelo

_____

Don't put hairspray on my hair.

_____

I want bangs.
flecos

_____

I wear my hair in a bun.
moño

_____

Cuando usted esté en la peluquería, tal vez desee secarse el pelo: **Can you please dry my hair with a blow-dryer?**

Si usted no quiere que el peluquero le quite mucho pelo, diga: **Just trim it** (*recórtelo*) **a little bit.**

Para tener el pelo con mechas diga: **I want my hair frosted.**

Si desea que le hagan trenzas, pida: **I want my hair braided.**

Para tener un permanente suave, necesita decir: **Please give me a body wave.**

Es costumbre dar una propina a cada una de las personas que le hacen algo en el pelo, igual que a la manicurista.

The Barbershop

La barbería

Nota:
En los Estados Unidos, se usa **beauty parlor** para decir peluquería, y **barbershop** para barbería.

Practique las nuevas palabras escribiéndolas en los espacios siguientes:

to shave
afeitar

_____

clippers
maquinilla

_____

to shave oneself
afeitarse

_____

Anthony goes to the barbershop because he needs a haircut. First the barber shaves Anthony

(SAID-berns)

and then he trims his beard, his moustache and his sideburns with clippers. Later he washes

bigote

Anthony's hair and gives him a haircut. Anthony likes his hair very short, and the barber cuts

(a-SLIP)

a lot off the top and the back. Anthony is very tired, and he falls asleep in the chair. The

se duerme   asiento

(FAI-na-li)

barber cuts more and more hair. Finally he says, "That's it, sir." Anthony looks at himself in

ya está

(bold)

the mirror and he sees that he is bald. "How much do I owe you?" he asks. The barber says,

¿cuánto le debo?

"You can pay me for six haircuts—I think that you won't come back very soon!"

pronto

razor
navaja

_____

scissors
tijeras

_____

bald
calvo

_____

to comb
peinar

_____

to style
peinar a la moda

_____

haircut
corte de pelo

_____

to trim
recortar

_____

to cut
cortar

_____

moustache
bigote

_____

sideburns
patillas

_____

beard
barba

_____

En inglés, cuando se afeita, puede decir **I shave *myself,*** o simplemente **I shave.** Y para **to comb** (peinarse), diga **I comb my hair.**

¿Puede contestar estas preguntas?

1. Does the barber shave you, or do you shave yourself?

_____

2. Does the beautician comb your hair, or do you comb your hair yourself?

_____

3. Does the beautician wash your hair, or do you wash your hair?

_____

When you *don't* want something...

Cuando usted *no* desea algo...

Ya sabe hacer demandas en inglés. Ahora vamos a aprender las demandas con negación.

Usamos el verbo **to do.** ¿Recuerda este verbo? Es muy importante con las demandas en sentido negativo.

> **Please cut my hair very short.**
> **Please *don't* cut my hair very short.**

Escriba las demandas debajo en el negativo.

1. Trim my beard. _____

2. Bring me some wine. _____

3. Close the door. _____

4. Carry the suitcase. _____

Y ahora, escriba estas demandas negativas en la forma afirmativa.

5. Don't give me more soup. _____

6. Don't wash the clothes. _____

7. Don't turn left here. _____

8. Don't try on the red dress. _____

RESPUESTAS

1. Don't trim my beard.   2. Don't bring me any wine.   3. Don't close the door.
4. Don't carry the suitcase.   5. Give me more soup.   6. Wash the clothes.
7. Turn left here.   8. Try on the red dress.

21 | The Newsstand and the Stationery Store

(NUS-tend)

El quiosco y la

(STEI-chen-e-ri)

papelería

newsstand	stationery store	*(to-BAK-o)* tobacco store
quiosco	papelería	tabaquería

AT THE NEWSSTAND

En el quiosco

YOUNG MAN	*(NUS-pei-perz)* **Excuse me. Do you have newspapers in Spanish?**
OWNER	**Yes, we have several from Spain and Latin America.**
YOUNG MAN	**I would also like to buy some postcards.**
OWNER	**Here are some nice *(vyuz)* views of the city.** vistas
YOUNG MAN	**Do you sell airmail stamps?** sellos aéreos
OWNER	**No, but you can buy them at the post office.**

newspaper
periódico

YOUNG MAN	And cigarettes? I would like to buy a pack of cajetilla	
	American cigarettes.	
OWNER	You can get them at the stationery store or at the tobacco shop.	

(ma-ga-ZIN)
magazine
revista

_____

YOUNG MAN	And do you have some magazines with photos? *(fo-tos)*
OWNER	Yes, of course. por supuesto
YOUNG MAN	I will take the newspaper, the postcards and the llevar
	magazine. How much do I owe you? le debo
OWNER	*(I-ven)* Eight dollars even. Thank you, and have a exacto
	nice day.

postcards
tarjetas postales

_____

(EIR-meil)
airmail stamps
sellos aéreos

_____

a pack of cigarettes
cajetilla de cigarrillos

_____

Trate de leer varias veces en voz alta la conversación entre el joven y el dueño del quiosco. Cuando usted esté seguro de su significado, vea si puede llenar los espacios en blanco con las palabras que faltan:

1. YOUNG MAN — Excuse me. Do you have _____ in English?

2. OWNER — Yes, we have several from _____ and _____ .

3. YOUNG MAN — I would also like to buy some _____ .

4.	OWNER	Here are some _____ of the city.
5.	YOUNG MAN	Do you sell airmail _____?
6.	OWNER	No, but you can buy them at the _____ on the corner.
7.	YOUNG MAN	And cigarettes? I would like to buy a _____ of American _____.
8.	OWNER	You can get them at the candy store or at the _____ .
9.	YOUNG MAN	Do you have some _____ with photos?
10.	OWNER	Yes, _____.
11.	YOUNG MAN	I will _____ the newspaper, the postcards and the magazine.

How much _____?

AT THE STATIONERY STORE

En la papelería

(BOL-point)

If I need a ballpoint pen and a pencil, I go to the stationery store.
bolígrafo   lápiz

ballpoint pen
el bolígrafo

If I want to write a letter, I use stationery, and I put the letter in an
carta   papel de escribir

_____

(EN-ve-lop)   *(NOT-buks)*

envelope. They also sell notebooks at the stationery store. I can
sobre

pencil
el lápiz

write notes in a notebook or on a notepad.
cuaderno   bloc de papel

_____

stationery
papel de escribir

_____

envelope
sobre

_____

(rep)   *(PEK-ech)*   *(teip)*
If I want to wrap a package, I need tape, string and wrapping paper.
envolver paquete   papel de envolver

In order to ask for something, I say, "I would like to buy...," or
para   algo

"Excuse me, do you have...?"

notepad
bloc de papel

_____

notebook
cuarderno

_____

tape
cinta adhesiva

_____

string
cuerda

_____

¿Puede contestar las siguientes preguntas sobre la papelería?

1. ¿Qué dos cosas puede usted usar para escribir?

    A _____ and a _____.

2. Cuando escribe una carta, ¿en qué escribe?

    On _____.

3. ¿Qué tres cosas usa para envolver un paquete?

    I use _____, _____ and _____.

4. ¿Dónde pone la carta antes de enviarla?

In an _____.

5. ¿En qué dos cosas puede escribir apuntes?

In a _____ or on a _____.

En inglés, es necesario tener cuidado con estos dos verbos:
TO WAKE UP y **TO GET UP. To wake up** significa "despertarse"; **to get up** significa
"levantarse."

TO WAKE UP	

I wake up
  yo me despierto
	We wake up
	  nosotros nos despertamos

You wake up
  tú te despiertas
  usted se despierta
	You wake up
	  ustedes se despiertan

He wakes up
She
  él
  ella se despierta
	They wake up
	  ellos
	  ellas se despiertan

TO GET UP	

I get up
  yo me levanto
	We get up
	  nosotros nos levantamos

You get up
  tú te levantas
  usted se levanta
	You get up
	  ustedes se levantan

He gets up
She
  él
  ella se levanta
	They get up
	  ellos
	  ellas se levantan

Ahora conteste estas preguntas:

1. What time do you wake up?

     _____

2. Do you eat breakfast when you get up?

     _____

3. What time do you get up on Sundays?

     _____

     (E-si-li)
4. Do you wake up easily?

     _____

5. Do you like to get up early or late?

     _____

Mire el mapa de las calles en la próxima página. Un turista español está parado en el lugar indicado. El turista se está muriendo por un cigarrillo español porque éste tiene un aroma más fuerte que los cigarrillos norteamericanos. Va a la barbería al otro lado de la calle para pedir las direcciones al **tobacco shop** más cercano. Suponga que usted es el barbero. Trate de dar las direcciones necesarias para que el turista llegue al **tobacco shop.**

¿Puede seguir con un lápiz esta ruta en el mapa?

Start here

1. _____ (Seguir) to the right along this street to the corner where the
   por
   dry cleaner is.

2. Then, _____ (doblar) to the left and _____ (caminar) straight
   derecho
   (a-JED)   (in-ter-SEK-chon)
   ahead. At the first intersection there is a pharmacy.

3. _____ (Pasar) the pharmacy and _____ (continuar) one block to
   manzana
   the next intersection.

4. Then _____ (doblar) right.

5. At the next corner, _____ (tomar) the street on the left.

6. _____ (caminar) straight ahead.

7. _____ (doblar) to the left at the first intersection and _____ (continuar)
   to the end of the street. The tobacco shop is on the corner at the left.

THE JEWELER
El joyero

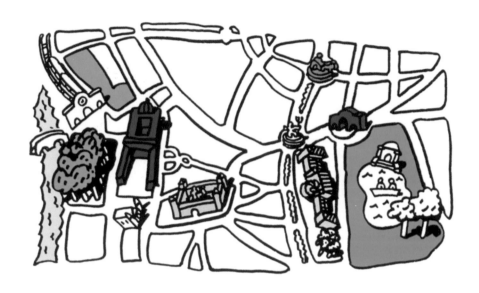

JEWELER	**How can I help you, sir?**

(BREI-slet)

CUSTOMER **I would like to buy something for my wife. A bracelet or perhaps a gold ring.**
brazalete   tal vez   anillo de oro

JEWELER **I can show you these bracelets and these silver rings.**

CUSTOMER **No, I don't like silver; I prefer gold.**
plata

(NEK-les)

JEWELER **Are you interested in a pin? Or, perhaps a necklace?**
prendedor   collar

(Ir-rings)

CUSTOMER **No… Can you show me some earrings?**
aretes

(SER-ten-li)

JEWELER **Certainly. Perhaps you would like these pendant earrings.**
pendientes

(chein) (tu)

CUSTOMER **Yes, and a ring and a gold chain, too.**
cadena

JEWELER	**Excellent — the earrings, this ring, and this chain all match.** *(mech)*
	hacer juego
CUSTOMER	**Very good. I'll take them. How much do I owe you?**
	los llevo
JEWELER	**$5000.**
CUSTOMER	**$5000! That's too much!** (*Tocando en forma sospechosa el bolsillo de su chaqueta*): **Hands up!**
	¡manos arriba!

Practique escribiendo las nuevas palabras en los espacios debajo de los dibujos:

bracelet
brazalete

_____

earring
arete

_____

(broch)
pin, brooch
prendedor

_____

pendant earring
pendiente

_____

necklace
collar

_____

chain
cadena

_____

ring
anillo

_____

Trate de contestar las siguientes preguntas:

1. Can you name the jewelry women wear on their fingers?
   (Ul-men) *(FIN-guers)*

   _____

2. What do women wear on their ears?

   _____

3. What two things do women wear around the neck?

   _____

4. What is worn on the wrist?
   (rist)

   _____

THE WATCHMAKER
El relojero

alarm clock
reloj despertador

wristwatch
reloj pulsera

watchmaker
relojero

watchmaker's shop
relojería

Practique escribiendo las nuevas palabras, llenando los espacios debajo de los dibujos. Cuando haya hecho esto, lea en voz alta las oraciones siguientes, que pueden ayudarle cuando usted visite al relojero. Después que las haya practicado en voz alta, trate de escribirlas en los espacios en blanco:

(ri-PER)
Can you repair this watch?
reparar

_____

(clin)
Can you clean it?
limpiarlo

_____

My watch is fast.
se adelanta

_____

(slo)
My watch is slow.
se atrasa

_____

(stapt)
My watch stopped.
parado

_____

My watch doesn't work.
no anda

_____

The Beginning and the End of the Day

El comiento y el fin del día

TO GET UP, TO WAKE UP = LEVANTARSE   **TO GO TO BED = ACOSTARSE**

Estos verbos son muy importantes todos los días. ¿Recuerda el verbo **to get**? Aquí tenemos:

> **I wake up every morning at six o'clock.**
> **I don't get up until seven thirty.**
> **I go usually to bed at eleven o'clock.**
> **When I am on vacation, I don't go to bed until one or two o'clock in the morning.**

¿Puede contestar estas preguntas?

1. When do you usually wake up in the morning?

_____

2. Do you go to bed when you are sleepy?

_____

3. Do you go to bed at the same time every day?

_____

Lea el siguiente párrafo para ver si lo comprende fácilmente. Repase las oraciones anteriores sobre la relojería:

My wristwatch doesn't run well. One day it is fast, the next day it is slow.

(cud)   *(BAttery)*

Today it stopped completely. Could it be a dead battery? I am going to take it to

¿Podria ser?   pila   llevarlo

the watchmaker's and the watchmaker will repair it. He will also clean it.

(ri-CIT)

If I have to leave it, the watchmaker will give me a receipt.

dejarlo   recibo

RESPUESTAS

1. I usually wake up at _____ o'clock.   **2.** Yes, I go to bed when I am sleepy.   **3.** Yes, I go to bed (No, I don't go to bed) at the same time every day.

¿Puede llenar los espacios siguientes con las nuevas palabras que ha aprendido?

1. My watch doesn't _____ well; one day it _____, the next day it _____.

2. Cuando usted siempre llega temprano a las citas, ¿cuál puede ser el motivo?

    My watch _____.

3. Cuando las manecillas del reloj no se mueven, ¿cómo describe el problema?

    My watch _____.

4. ¿Qué hace usted cada dos o tres años para mantener su reloj caminando? (Le cambia la...)

    I change the _____.

5. ¿Adónde lleva su reloj para arreglarlo?

    I take my watch to _____.

6. ¿Cómo se llama la persona que arregla el reloj?

    _____.

7. Cuando deja su reloj, ¿qué le da el relojero?

    He gives me a _____.

AT THE GIFT SHOP

SALESMAN **Can I help you?**
puedo ayudarle

TOURIST **I am looking for a gift...**
something beautiful but not too
hermoso
expensive.

SALESMAN **For a man or a woman?**

TOURIST **For a woman.**

SALESMAN **Perhaps a scarf? A leather purse?**
bufanda   bolso de cuero
Perfume?

too expensive!

TOURIST **How much is the silk blouse?**
blusa de seda

SALESMAN **Ninety dollars.**

TOURIST **Can you show me another? A less expensive one?**

SALESMAN **Of course. This cotton blouse costs much less: thirty dollars.**

TOURIST **It is still too expensive!**
todavía

SALESMAN **This nylon blouse is twenty dollars...**

gift
regalo

TOURIST **Nothing cheaper?**

SALESMAN **Well, I can take this newspaper, fold it, cut holes, and tape it:**
plegar   cortar   pegar con cinta

A paper blouse for five dollars!

212

Escriba las palabras debajo de los grabados:

leather
cuero

silk blouse
blusa de seda

_____

scarf
bufanda

ring
anillo

purse
bolso

wallet
cartera

painting
pintura

charm
dije

_____

key ring
llavero

receipt
recibo

perfume
perfume

_____

MUSICAL PREFERENCES
Preferencias musicales

Mr. López likes classical music very much, but he doesn't have
enough money to go to concerts. Every day he downloads
        dinero   descarga

music from his favorite composers and goes to a park. He
                    compositores

listens to his iPod through his headphones and then returns
escucha   audífonos

home very happy.

    However, when he gets there, he hears another kind of music coming from
                                                  clase

his neighbor's house. It is his neighbor's son's rock group. This is a nightmare for
    vecino   pesadilla

poor Mr. López, who is a fan of Mozart and Beethoven.
                    aficionado

to download
descargar

headphones
audífonos

television
televisor

CD player
tocadiscos

receiver
receptor

iPod
iPod

video cassette
casete de video

computer
computadora

laptop
computadora portátil

DVD player
tocadevede

compact disc (CD)
disco compacto

classical music
música clásica

popular music
música popular

Nota: To listen and **to listen to** quieren decir "escuchar." En inglés se usa **to** después de **listen** cuando nos referimos a la música, la radio, una persona, etc. Por ejemplo: **I like to listen to classical music, I listen to my teacher**, pero **I listen carefully.**

Conteste **True** o **False:**

1. Mr. López likes rock music. _____

2. Mr. López is very rich. _____

3. Every day he goes to the grocery store. _____

4. He listens to rock music with his neighbor. _____

5. Mr. López uses headphones to listen. _____

6. Mr. López returns home very happy. _____

7. When he returns home he hears his favorite music. _____

8. His neighbor's son has a rock group. _____

Los jóvenes de todo el mundo escuchan **rock music**. Los grupos más populares tienen **fans** (aficionados) por todas partes. Los jóvenes van a **rock concerts** (conciertos) y son muy felices allí. O tocan los discos en casa.

Pero **rock music** es muy fuerte.

Y muchas veces los padres no son felices.

Do you like rock music?

Or do you prefer classical music?

SALESMAN   **What can I do for you?**

OLD MAN   **I would like to buy a hit song. It is for my grandson.**
(jit) — último éxito   nieto

SALESMAN   **Does he like classical music? Country music? Or is he a rock fan?**

OLD MAN   **He likes only rock music.**

SALESMAN   **Then you should get this CD.**

     It is a big hit with young people this year.

OLD MAN   **OK, I am going to take it...but, personally, I can't stand that**
personalmente   aguantar

     kind of music! They always play it
la tocan

     (laud)   *(IR-mafs)*
     too loud! Oh, do you also sell earmuffs?
     fuerte   orejeras

HOW TO TAKE PICTURES

Cómo sacar fotos

Un turista va a una tienda de artículos electrónicos a comprar una nueva cámara.

TURISTA **My camera is broken! Do you**
está rota

have a good but inexpensive

digital camera?

VENDEDOR **Of course! We have hundreds**
cientos

of excellent cameras.

TURISTA **I want one with at least ten**
por lo menos

megapixels and a big screen.

VENDEDOR **Here is one with twelve megapixels, so you can make beautiful**
hermosas

enlargements.

TURISTA **And it has a battery and a charger?**
pila cargador

VENDEDOR **Yes, and also a powerful memory card.**
potente tarjeta de memoria

TURISTA **Good! Then I don't need a printer, because I will keep the**
impresora

images stored in the card, and download them into my laptop.
almacenadas

camera
cámara

photo
foto

enlargement
ampliación

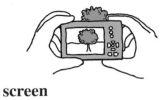

screen
pantalla

_____

memory card
tarjeta de memoria

_____

battery
pila

_____

printer
impresora

_____

charger
cargador

_____

Let's . . .

Vamos a . . .

Por "vamos a" en inglés decimos **Let's** (la contracción para **let us**). ¿Desea caminar por la calle? Decimos:

Let's go for a walk.

¿Puede usar **Let's** en estas situaciones?

1. ¿Desea comprar un periódico?

_____

2. ¿Desea viajar en tren?

_____

3. ¿Desea sacar fotos?

_____

(ac-QUEIN-ted)   *(UO-quing)*
To get acquainted with a foreign city you have to do a lot of walking. For example, you
conocer bien   extranjera

might want to visit the important monuments in different parts of the city. These are things

(a-PRI-chi-eit)
that you cannot appreciate fully from a bus or a taxi. Since you have to walk so much, you
apreciar completamente desde

(jert)
must wear a comfortable pair of shoes. If your feet hurt, how can you walk a lot? In this
cómodo   duelen

(keis)
case, you have to talk to the shoemaker.
situación   zapatero

Escriba **True** o **False** después de cada informe:

1. To get acquainted with a foreign city, it is necessary to run (correr) a lot. _____

2. The important monuments are all in the same part of the city. _____

3. It is good to get acquainted with a city by bus. _____

4. In order to walk a lot, you must wear comfortable shoes. _____

5. The shoemaker works in the bakery. _____

AT THE SHOEMAKER'S

En la zapatería

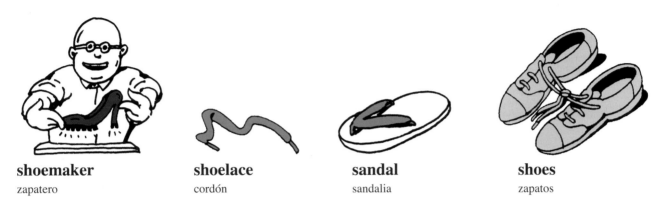

| **shoemaker** | **shoelace** | **sandal** | **shoes** |
| zapatero | cordón | sandalia | zapatos |

WOMAN   **Good afternoon. Can you repair this shoe? The heel is broken.**
(jil) above "shoe"; tacón   roto

SHOEMAKER   **No, I'm sorry, but it is plastic and it is impossible to repair it. I**
(SA-ri); lo siento

can put another heel on it, if you want. When do you need these shoes?
ponerle

WOMAN   **Tomorrow, if possible. I am only going to be here until the day**

after tomorrow. I am a tourist.

SHOEMAKER   **Come back tomorrow, after 4:00 but before 8:00. I close at 8.**
después   antes   cierro

By the way, how is it possible to break a heel like this?
a propósito   romper

WOMAN   **I am a Flamenco dancer, and at times I stamp my feet too hard!**
a veces   doy pisadas fuertes

¿Puede dar las palabras que faltan de la conversación anterior?

1. The woman's _____ is broken.

2. The broken heel is made of _____.

3. The shoemaker cannot _____ the broken heel.

4. The woman will only be in the city until _____.

5. She must pick up her shoes tomorrow _____ 4:00.

6. The shoemaker _____ the store at 8:00.

7. The woman is a Flamenco _____.

8. At times she stamps her feet too _____.

Consulte los dibujos anteriores. Luego díganos a continuación el nombre de las tres cosas que usted puede encontrar en la zapatería:

_____, _____, _____.

AT THE OPTOMETRIST'S

En la tienda del optometrista

optometrist
optometrista

broken glasses
las gafas rotas

lens
lente

(freim)
frame
montura o armadura

TOURIST
The frame and one of the lenses are broken. Don't you see?

OPTOMETRIST
(cam)   (daun)
Very well. Calm down. You can sit down here. I can repair your
cálmese   sentarse

(fyu)   *(pre-SKRIP-chen)*
glasses in a few minutes if you have the prescription for the lenses.
pocos   receta

TOURIST
(on-FOR-chu-net-li)
Unfortunately, I don't have the prescription.
desgraciadamente

OPTOMETRIST
Then, I am sorry, but I cannot help you. Don't you have
ayudarlo

(Al-gles-es)
other eyeglasses or contact lenses?

TOURIST
Other glasses, no—but I do have a contact lens. But only one lens!
pero

OPTOMETRIST
Then you can put the contact lens on one eye and close the
ojo

other eye! That way you will see well.

25	**The Bank**
	El banco

En el dinero de los Estados Unidos, 100 **cents** (centavos) = 1 **dollar** (dólar).

En los Estados Unidos, los billetes son de $1, $5, $10, $20, $50 y $100. Tenga cuidado, porque todos los billetes son iguales en medida y color. Es importante mirar el valor del billete. Hay cuatro monedas de uso común, que son las de un centavo, de cinco, diez y veinticinco centavos. Otras monedas, poco populares y de escasa circulación, son las de medio y un dólar.

PETER   **When I buy things, I always give the clerk a bill, and he gives me change. Now I have all these coins, and I don't know how much money I have!**

PAUL   **Well, let's count the coins. Then you will know.**

PETER   **These big silver ones are quarters. I know them, because you use them in telephones and parking meters.**

(koinz)   *(bilz)*
Coins and bills
monedas   billetes

(sent)   *(PE-ni)*
cent o **penny**   =   **1 cent**

(NI-kel)
nickel   =   **5 cents**

(daim)
dime   =   **10 cents**

(QUAR-ter)
quarter   =   **25 cents**

(DA-ler)
dollar   =   **100 cents**

PAUL   Four quarters equal one dollar. You have eighteen quarters, so you have four dollars and fifty cents there.

PETER   These silver ones in the middle are nickels. They are worth five cents, right?

PAUL   Right. You need twenty of them to equal one dollar. How many do you have?

PETER   I have only fifteen of these. That is. . . seventy-five cents!

PAUL   And what about the small silver coins?

PETER   These are dimes. There are ten dimes in a dollar. I have twenty-six of them, so I have two dollars and sixty cents.

PAUL   And finally, the pennies. How many of them do you have?

PETER   The clerk always gives me lots of pennies in change. Let's see. . . I have forty-three pennies. That is forty-three cents.

PAUL   Now, if we add it all together, you have eight dollars and twenty-eight cents.

PETER   Let's take it to the bank and ask for bills instead. This change is too heavy!

THE BANK, CURRENCY EXCHANGE, CREDIT CARDS

El banco, el cambio, las tarjetas de crédito

Aquí están las palabras que usted debe saber para cualquier cosa que usted tenga que hacer er banco. Escríbalas y después dígalas en voz alta.

People and Things

Gente y cosas

credit card
tarjeta de crédito

_____

cash
dinero en efectivo

_____

money
dinero

_____

loan
préstamo

_____

checkbook
libreta de cheques

_____

bank employee
empleado de banco

_____

teller's window
caja

teller
cajero

_____

(di-PA-sit)
deposit slip
boleta de depósito

(uit-DRO-ual)
withdrawal slip
boleta de retiro

_____

manager
gerente

_____

bank
banco

_____

Cómo . . .

How to . . .

(ex-CHENCH)
exchange
cambiar

(reit)
rate of exchange
tasa de cambio

pay
pagar

cash a check
cobrar un cheque

deposit
depositar

withdraw
retirar

open an account
abrir una cuenta

(sain)
sign
firmar

Vea si puede recordar estas cosas útiles. ¿Cuáles son las palabras apropiadas que describen los siguientes grabados?

1. **the money**
    the cashier's window

2. **the checkbook**
    the cash

3. exchange
sign

4. the teller
the manager

5. the deposit slip
the bank employee

6. the cash
the credit card

Complete las siguientes oraciones:

1. I would like to _____ (cambiar) Mexican pesos.

2. I would like to _____ (cobrar) a check.

3. I would like to _____ (retirar) fifteen thousand dollars.

4. I would like to _____ (depositar) eighty dollars.

Ahora lea la siguiente conversación en voz alta. Puede serle útil cuando desee tener dinero en efectivo.

Miguel Zambrano, un turista recién llegado, habla con Lucía Meneses, una turista experimentada.

ZAMBRANO	**I have to buy many things and I need dollars. What should I do?**
	debo comprar ¿Qué debiera hacer?
MENESES	**Use your credit card. Most shops will accept cards such as Visa,**
	La mayoría de las tiendas
	Mastercard, or American Express.
ZAMBRANO	**Yes, for big purchases, but I need cash to buy small things, to buy a**
	compras grandes
	hamburger, or to see a movie.
MENESES	**You can go to the ATM and get cash. It is easy, because you can ask for**
	cajero automático Es fácil
	instructions in Spanish. Or you can exchange your money at the bank.

ZAMBRANO	**It all seems very complicated. Can I get dollars another way?**
	todo parece de otra manera
MENESES	**Well, you can stand on a corner, stretch out your hand, and beg.**
	pararse estirar mendigar

Ahora, escriba las palabras que faltan del diálogo previo. ¡No mire arriba!

1. I have to _____ many _____.

2. Use your credit _____.

3. I need _____ to buy small _____.

4. You can _____ to the ATM and get _____.

5. You can _____ for instructions in Spanish.

6. Or you can _____ your money at the _____.

7. It all seems very _____.

8. Can I get _____ another _____?

9. You can _____ on a corner, _____ your hand, and _____.

Mr. López has just arrived at the bank. He wants to deposit a $500 check in his account.

cuenta

Then he wants to exchange 5,000 euros for dollars. The teller gives him a deposit slip

which he has to sign.

que

¿Puede escoger las contestaciones correctas a continuación?

1. Who has just arrived at the bank?   the teller,
   Mr. López

2. What does Mr. López want to do?   deposit money,
   withdraw money

3. What else does he want to do?   deposit 5,000 euros
   exchange 5,000 euros

4. What does the teller give him?   a check,
   a deposit slip

5. What does Mr. López have to do?   sign it,
   leave

ATM
cajero automático

How do we say "have (has) just done something"?

¿Cómo decimos "acabar de hacer algo"?

TO HAVE + JUST + PARTICIPIO PASADO

Ejemplo: **I have just arrived.**
Yo acabo de llegar.

She has just eaten.
Ella acaba de comer.

Usando este modelo, ¿puede escribir lo siguiente en inglés?

Acabo de venir. _____

Acabamos de comprar una casa. _____

Ella acaba de salir. _____

Ustedes acaban de hablar. _____

Joseph has a great ambition in life. He wants to be a mailman. Every day Joseph pretends

(em-BI-chon) (laif)   (MEL-man)   (pri-TENDs)

vida   cartero   finge

he is a mailman, but he has no letters to deliver. One day Joseph goes to his older sister's

mayor

bedroom and he opens a big box full of strange things. There is a package of letters in the

(streinch)

abre   caja   curiosas   cosas

box. He takes them and he goes into the street in his mailman's uniform. He goes from

(YU-ni-form)

de

door to door and he leaves one of the letters at each neighbor's house. When he

(dor)

deja

returns home he tells his sister that he feels like a real mailman now.

(ril)

He explains to her that today all the neighbors have an interesting letter

explica

from her box. "But, how could you do that?" asks his sister.

"They are love letters that my

(lov)

amor

boyfriend Ralph writes to me!"

(BOY-frend)

novio

El correo estadounidense es eficiente y seguro. Cerciórese de enviar sus cartas y tarjetas postales por correo aéreo (**air mail**). Hay diversas tarifas para envío de paquetes y, si usted tiene muchos, será mejor ir acompañado de una persona que hable bien el inglés, quién podrá averiguar la tarifa más barata para usted.

Un medio de comunicación más veloz es el correo electrónico. Si usted tiene una computadora portátil, podrá conectarla al internet en su pieza de hotel y en los numerosos cafés y restaurantes que proveen este servicio gratis. La mayoría de los hoteles tienen además recintos con computadoras y máquinas de fax para sus huéspedes.

Por supuesto, la comunicación más rápida de todas es la telefónica. Antes de viajar a Estados Unidos, puede pedir a su compañía de teléfonos que le proporcione servicio telefónico en Estados Unidos a su teléfono celular (**roaming service**). Además, en los Estados Unidos se venden en supermercados y papelerías diversas tarjetas para uso telefónico internacional. Estas tarjetas le permitirán llamar a cualquier país del mundo por un precio mucho más reducido que una llamada telefónica hecha desde su cuarto de hotel.

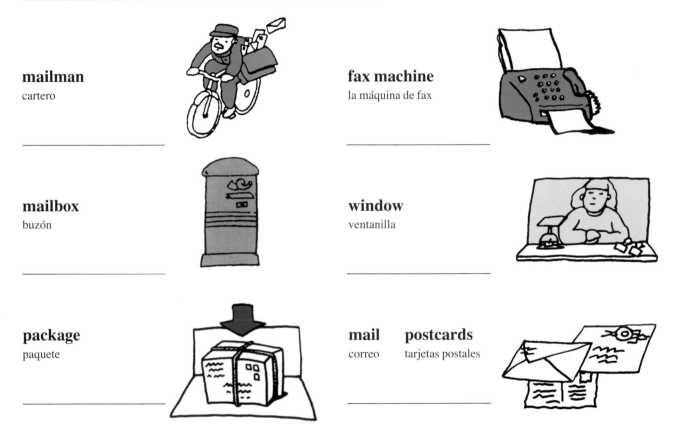

mailman
cartero

fax machine
la máquina de fax

mailbox
buzón

window
ventanilla

package
paquete

mail   **postcards**
correo   tarjetas postales

Alfredo quiere enviar un paquete a España desde Nueva York.
Julia lo lleva a la oficina de correos principal en la octava avenida y calle 32.

ALFREDO   *(uei)*
The package does not weigh much, but it is very big. Are they

    (charch)
going to charge me a lot of money to send it?
    cobrarme   mandarlo

JULIA   **You are sending it by airmail, aren't you?**

ALFREDO   **No.**

JULIA	**Then, it is not going to cost you too much, but it is not going to arrive soon.** *(a-RAIV)*
ALFREDO	**When will it arrive?**
JULIA	**In six weeks, more or less.** más o menos
ALFREDO	*(UED-ing)* **But it is a wedding gift for my sister and she is** boda **getting married in two weeks!** se casa
JULIA	**What kind of gift is it?**
ALFREDO	*(chok)* *(DAI-pers)* **It is a joke. It is a package of diapers ... I want** broma **to be an uncle very soon!**
JULIA (laughing)	*(UA-ri)* *(PLEN-ti)* **Don't worry. I think that your package will get there with plenty of** *(sper)* **time to spare.** tiempo de sobra

Después de leer la conversación anterior varias veces, vea si puede llenar los espacios en blanco con las palabras que faltan:

The _____ doesn't _____ too much, but it is very big. Are they going to charge a

lot to _____?

Are you going to send it by _____?

No.

Then it is not going to cost you _____, but it is not going to arrive very _____

_____ is it going to arrive?

In six weeks _____ or _____.

But it is a _____ gift for my sister and she is _____ _____

in two _____

What _____ of gift is it?

It is a _____. They are diapers ... I want to be an _____ very soon.

Don't _____. I think that your package is going to be there with time to _____

233

Alfredo and Julia enter the post office and they go to the window to mail packages.

ALFREDO   (al empleado de correo) **I would like to send this package by ship to Spain**
(chip)
barco
and I don't want to insure it.

EMPLOYEE   **First you have to fill out this form. Write your first name, last name and**
llenar   *formulario*
your address.

(The employee weighs the package on the scale and Alfredo pays the postage.)
(PO-stech)
balanza   *franqueo*

ALFREDO   **Can you sell me some airmail stamps?**

EMPLOYEE   **Yes, of course.**

JULIA   **Are you sending postcards to your friends in Spain?**

ALFREDO   **I am going to do that later. First I want to see if there are letters in my post**
(LEI-ter)
después
office box. I am waiting for a very important letter. If I am going to stay
casilla   *quedarme*
here longer, I need a check from my father!

¿Puede contestar estas preguntas después de haber leído la conversación anterior varias veces?

1. En el correo, ¿adónde lleva los paquetes para ser enviados?

To the _____.

2. ¿Qué dice si no quiere enviar el paquete por correo aéreo?

I want to mail this package by _____.

3. ¿Qué necesita llenar para enviar un paquete?

A _____.

Tache la palabra o expresión que no pertenece a cada grupo:

1. letters, postcard, package, office

2. mailman, bank, mailbox, post office

3. cash, coins, postcard, bills

4. dimes, quarters, nickels, stamps

5. mailman, stamps, teller, mail

¿Puede contestar estas preguntas?

1. Where do you buy stamps? At the _____

2. What machine do you use to obtain cash? The _____

3. Where do you put your letters? In a _____

How we say "to try to do something"
¿Cómo decimos "tratar de hacer algo"?

To try   =   tratar de

I try	we try
you try	you try
he tries	

(traiz)

she tries	they try
it tries	

TO TRY + INFINITIVO DEL OTRO VERBO

(TRAI-ing)

Ejemplo: **I am trying to learn a lot of English.**   **We try to understand the lesson.**

Trato de aprender mucho inglés.   Tratamos de entender la lección.

Nota: La tercera persona singular termina con -*ies*

¿Puede leer las siguientes oraciones y traducirlas? ¡Haga una prueba!

Try to do it! _____

They try to drink a lot of water. _____

Ralph tries to ask a question. _____

We always try to tell the truth. _____
              verdad

I try to arrive early. _____

¿Puede contestar las siguientes preguntas con oraciones completas en inglés? Escriba las respuestas y dígalas en voz alta:

1. Do you always try to tell the truth?

   _____.

2. Do you try to go to bed early?

   _____.

3. Does she try to learn English?

   _____.

Y ¿puede contestar estas preguntas con oraciones negativas en inglés?

1. Do you study German?

   _____.

2. Do you get up at six o'clock?

   _____.

3. Do you eat steak and potatoes for breakfast?

   _____.

RESPUESTAS

1. Yes, I always try to tell the truth.   2. Yes, I try to go to bed early.
3. Yes, she tries to learn English.
Oraciones negativas: 1. No, I don't study German.   2. No, I don't get up at six o'clock.
3. No, I don't eat steak and potatoes for breakfast.

HELLO
Diga

En los Estados Unidos generalmente se contesta el teléfono con la palabra **Hello**. En las oficinas se usan las expresiones **Good Morning** o **Good Afternoon**. Escriba y diga en voz alta las siguientes palabras y expresiones que puede necesitar cuando use el teléfono.

to dial
marcar (un número)

busy
ocupada

I can't hear.
no oigo bien

operator
telefonista

(jeng)
to hang up
colgar

public telephone
teléfono público

call
llamada

a local call
una llamada local

long distance call
llamada de larga distancia

person-to-person
de persona a persona

(TE-le-fon)
telephone
teléfono

(rong)
wrong number
número equivocado

(ko-LEKT)
collect call
cobrar al número llamado

(COud)
area code
código de área

directory assistance
guía de ayuda

cell phone
teléfono celular

Juan and Ana would like to visit their relatives on

Long Island. First, Juan has to call them on the phone.
(fon)
llamarlos

telephone booth
cabina telefónica

JUAN	**Uncle Carlos lives on Long Island and we are in New York. That is a long-distance call.**
ANA	**Yes, you must dial 1, then the area code for Long Island, and then Uncle** debes marcar **Carlos's number.**
JUAN	**What is the area code for Long Island?**
ANA	**Long Island has two codes. Which is the right one?** Cuál — correcto
JUAN	**I will call directory assistance. Hello? _____ What? I don't understand!** Llamaré — No entiendo
ANA	**Let me try. Hello? _____ Glen Cove. _____ Very well.** Déjame tratar
JUAN	**Did you understand?**
ANA	**Yes. The computer asked me for the city on Long Island where** me preguntó **Uncle Carlos lives. I said "Glen Cove," and the computer said "516."**
JUAN	**OK, so I dial 1, then 516, and then his number. Hello? Uncle Carlos? Oh, sorry.** Lo siento
ANA	**What happened?**
JUAN	**We have a wrong number.**

Haga un círculo en las palabras o expresiones correctas para completar las siguientes oraciones:

1. Juan wants
   to make a local call
   to write to his uncle
   to make a phone call

2. Juan can't
   hear
   see
   dial

3. Juan needs
   a telephone number
   an area code number
   Uncle Carlos's address

4. Ana called
   Uncle Carlos
   Glen Cove
   directory assistance

5. Juan said
   "Did you understand?"
   "I understand."
   "I don't understand."

6. Juan called
   a wrong number
   a right number
   Uncle Carlos's number

Tag questions

Otra forma de hacer preguntas en inglés es añadir un **"tag"** con el verbo **to be** y el sujeto al final de la oración. Si la oración es afirmativa, usted usa **not** en el tag. Si la oración es negativa no hay **not** en el tag.

Por ejemplo:

He is late, isn't he?
La pregunta será contestada: **Yes, he is.**

He's not late, is he?
La pregunta será contestada: **No, he's not.**

Algunos ejemplos más:

> **These are expensive, aren't they?**
>
> **You aren't hungry, are you?**
>
> **We aren't late, are we?**

¿Puede contestar las preguntas a continuación?

1. ¿Quién es la persona que le ayuda a hacer una llamada?

   the _____.

2. ¿Qué palabra describe una llamada a un lugar fuera de la ciudad?

   a _____ call.

3. ¿Cuál es el nombre de un teléfono portátil?

   the _____.

4. Cuando una persona llama equivocadamente a su número, ¿qué dice usted?

   _____.

5. ¿Dónde puede hacer una llamada telefónica desde la calle?

   in the _____.

6. Cuando su teléfono suena y usted levanta el receptor, ¿qué dice usted primero?

   _____.

7. Cuando usted no tiene dinero y quiere que la persona al otro lado de la línea pague la cuenta, ¿qué debe decirle a la telefonista?

   I want to make a _____ call.

8. ¿Cómo describe la situación cuando la línea está ocupada?

   It's _____.

9. Para llamar a larga distancia:

   I have to dial _____ then the _____ and finally the _____.

10. Si usted está haciendo un llamada de larga distancia y quiere hablar solamente con una persona específica, ¿qué clase de llamada debe hacer?

    A _____ call.

Pruebe a contestar las siguientes preguntas en voz alta:

1. Do you read many news magazines?
   noticias

2. Do you remember your first teacher's name?
   maestra

3. How many times a week do you read the newspaper?
   por

Vea cuántas palabras puede encontrar a continuación. Haga un círculo a cada una. Hay 6 además de la que le hemos dado.

```
F  E  T  E  L  E  P  H  O  N  E  Z  T  R
U  M  O  V  L  S  V  C  T  U  N  E  R  O
X  W  V  L  A  O  N  S  U  M  D  I  A  L
C  A  L  L  V  P  V  A  F  B  Z  L  O  P
C  R  N  T  L  E  K  L  C  E  V  A  E  T
H  V  A  E  T  R  Z  I  N  R  S  T  X  D
A  S  T  X  Z  A  L  T  X  M  W  L  A  V
R  U  R  U  D  T  D  M  E  A  S  H  G  M
G  L  S  V  K  O  C  S  B  O  O  T  H  R
E  M  P  B  X  R  N  U  D  K  V  L  O  Q
```

		(DAK-tor)	(DEN-tist)	(JOS-pi-tal)	
28		**The Doctor, Dentist, and Hospital**			

El médico, el dentista y el hospital

A CHECKUP

Un examen médico

John and Frank tienen una gran ambición: hacerse médicos. Ellos empiezan temprano a prepararse para su profesión, preguntándose cada uno las partes del cuerpo.

JOHN	*(BA-di)* **How many heads are there on the body?** cuerpo
FRANK	*(CI-li)* **Don't be silly! There is only one.** tonto
JOHN	**What do you find on your face?**
FRANK	*(maut')* **Well, you have your nose, your mouth, and your eyes, and above** nariz boca ojos *(eiz)* *(AI-braus)* **your eyes you have your eyebrows.** cejas
JOHN	**And now, tell me if you know, what do you have in your mouth?**
FRANK	*(tang)* *(tit')* **You have your tongue and teeth.** lengua dientes
JOHN	**How many teeth are there in your mouth?**
	Normally, there are thirty-two teeth in your mouth.

(jed)
head

(noz)
nose

(feis)
face

(irz)
ears

JOHN   *(bi-TUIN)*
What do you have between your head and your body?

FRANK   *(nek)*
You have your neck. Now, how many
cuello
arms do you have?

JOHN   **An easy question: two.**
fácil

FRANK   **What do you use to write?**
escribir

JOHN   *(jend)*   *(FIN-guerz)*
You use your hand and fingers.
mano   dedos

FRANK   **How many fingers do you have on both hands?**

JOHN   **You have ten fingers.**

FRANK   **What do you use to walk?**
caminar

JOHN   **You use your legs and feet.**
piernas   pies

FRANK   *(RI-li)*
John, we really know a lot!

(nek)
neck
el cuello

(armz)
arms
los brazos

(jendz)
hands
las manos

(FIN-guerz)
fingers
los dedos

(legz)
legs
las piernas

(fit)
feet
los pies

(jer)
hair
el pelo

(eiz)
eyes
los ojos

243

(maut')
mouth
la boca

(CHOL-ders)
shoulders
los hombros

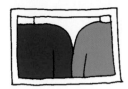

(MOS-tech)
mustache
el bigote

eyebrows
las cejas

(chiks)
cheeks
las mejillas

(EL-bos)
elbows
los codos

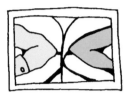

chest
el pecho

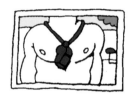

(AI-lids)
eyelids
los párpados

(FOR-jed)
forehead
la frente

(toz)
toes
los dedos de los pies

(be-JAIND)
behind
el trasero

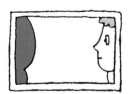

(niz)
knees
las rodillas

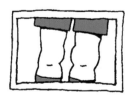

back
la espalda

(tit')
teeth
los dientes

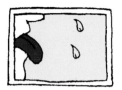

(tang)
tongue
la lengua

(chin)
chin
la barba o la barbilla

(AI-lech-ez)
eyelashes
las pestañas

Nota: En español, con las partes del cuerpo usamos los artículos: *el*, *la*, *los*, y *las*, pero en inglés se usan los adjetivos posesivos *my*, *your*, *his*, etc.

Haga un círculo en las palabras correctas para completar las oraciones a continuación.

1. The man has (ten, two, one) head.

2. (We see, we hear, we run) with the eyes.

3. The ears are (in front of, behind, on the sides of) the head.

4. The nose is on the (face, the hand, the feet).

5. The hands are at the ends of (the legs, the arms, the fingers).

6. We wear shoes on (the hands, the ears, the feet).

Haga una línea entre las palabras que tengan relación en ambas columnas:

1. chest   **a.** la frente

2. back   **b.** los párpados

3. your toes   **c.** la bar**b**a

4. forehead   **d.** los hombros

5. what you sit on   **e.** los codos

6. shoulders   **f.** la espalda

7. eyelids   **g.** el pecho

8. knees   **h.** el trasero

9. elbows   **i.** las rodillas

10. chin   **j.** los dedos del pie

Where do women put blush? on their _____

Where do women put mascara? on their _____

Whose?

Cuando hablamos del cuerpo en inglés, usamos los pronombres posesivos:

my, your, his, her, our, their.

Por ejemplo: **I comb my hair.**

His foot hurts.

They wash their hands.

¿Puede traducir estas oraciones?

1. Tengo dolor de garganta.

   _____

2. Pedro se cepilla los dientes.

   _____

3. María se lava el pelo.

   _____

4. Tiene dolor de pie.

   _____

¿Puede contestar estas preguntas?

1. Do your feet hurt when your shoes are too small?

2. Do you wear your hair very short?

3. Do you put your hat on your head?

OPEN WIDE
Abra bien

(EX-rai)
X-ray
la radiografía

filling
el empaste

(FIL-ings)   *(FO-len)*
one of my fillings has fallen out
se me ha saltado un empaste

(KA-ve-ti)
to fill a cavity
empastar una carie

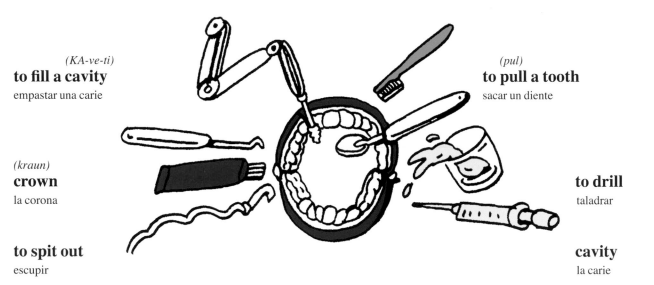

(pul)
to pull a tooth
sacar un diente

(kraun)
crown
la corona

to drill
taladrar

to spit out
escupir

cavity
la carie

Dental Expressions
Expresiones dentales

local anesthesia
anestesia local

to clean the teeth
limpiar los dientes

(brich)
bridge
el puente dental

THE DENTIST
El dentista

Theresa has a toothache. She makes an appointment with the dentist for
        dolor de muela   hace una cita

two o'clock in the afternoon.

RECEPTIONIST   **Good afternoon, madam. Do you have an appointment with the dentist?**

THERESA	Yes, at two o'clock. My name is Theresa Martínez.

RECEPTIONIST	Dr. Ferguson will take care of you right away.

(rait) *(a-UEI)*

atenderá   en seguida

DENTIST	Miss Martínez, come in. What is your problem?

THERESA	I have a bad toothache.

DENTIST	Do you have any cavities? Do you brush your teeth every day? Sit down, please. Do you floss your teeth? Where does it hurt?

hilo   duele

(tords)

THERESA	On the right and towards the back.

atrás

DENTIST	Open your mouth, please. I am going to see. But, Theresa, this is incredible! You have dentures.

(DEN-churs)

dentadura postiza

(for-GUET-ing)

THERESA	Oh, yes. I keep forgetting! How much do I owe you?

(kon-sul-TEI-chon)

DENTIST	Seventy dollars for the consultation.

consulta

My Head Hurts
Me duele la cabeza

Cuando le duele algo, en inglés decimos **Something hurts.**

Por ejemplo, decimos:

My throat hurts. (Me duele la garganta.)

Mary's knees hurt. (A María le duelen las rodillas.)

Does your head hurt? (¿Le duele la cabeza?)

SAY "AAH..."

Diga "Aah..."

Medical Expressions

Expresiones médicas

(JI-sto-ri)
medical history
los antecedentes médicos

(SPE-cha-list)
specialist
el especialista

(CHEN-er-al) (prak-TI-chon-er)
general practitioner
el médico general

(PEI-chent)
patient
el paciente

(PRE-cher)
blood pressure
la tensión (la presión) arterial

to stick out your tongue
sacar la lengua

weight
el peso

(YU-rin) (SEM-pel)
urine sample
la muestra de orina

(PEin)
pain
dolor

(SUE-ling)
swelling
hinchazón

surgeon
el cirujano

(IL-nes)
illness
la enfermedad

(MEI-cher) (SER-che-ri)
major surgery
la cirugía mayor

(blad) (trens-FYU-chon)
blood transfusion
la transfusión de sangre

anesthesia
la anestesia

(MAI-ner)
minor surgery
la cirugía menor

(helt') (in-CHU-rens)
health insurance
el seguro médico

(ap-er-EI-chon)
operation
la operación

recuperation
la recuperación

(me-di-KAI-chon)
medication
el medicamento

(in-CHEK-chon)
injection
la inyección

(ri-KU-per-eit)
to recuperate
recobrarse

medical records
los antecedentes médicos

(pre-SKRIP-chon)
prescription
la receta

blood
(gueich)
pressure gauge
el esfigmomanómetro

thermometer
el termómetro

Practique traduciendo y diciendo en voz alta las siguientes oraciones:

I need a general practitioner. _____.
médico

(in-FEK-chon)
I have an infection in my throat. _____.

I can't breathe well. _____.
respirar

(STA-fi)
I have a stuffy nose. _____.
tapada   nariz

(chils)   *(FI-ver)*
Doctor, I have chills and a fever. _____.
escalofríos

(cof)
I cough a lot. _____.
toso

I have pain in my chest when I breathe. *(pein)* _____.

I have a sore throat. _____.

I am allergic to penicillin. _____.

Will you prescribe something for my cough? *(cof)* _____.
      recetarme   tos

Conteste las siguientes preguntas, por favor.

1. Do you sit down when your feet hurt?

   _____.

2. Do you sit down when you eat?

   _____.

3. Do you sit down to watch TV? *(uach)* *(ti-VI)*

   _____.

4. Can you walk when you are seated?

   _____.

Esperemos que no le ocurran emergencias, pero si esto le pasa, estará preparado.

Note que en la siguiente conversación la esposa y el juez usan el tiempo presente, aunque ellos hablan de un hecho pasado.

	(breik)
THE JUDGE	**Did you break your husband's skull** rompe
	with the umbrella you are carrying **in your hand?**
THE WIFE	**Yes, sir, but unintentionally.** sin querer
	(AK-ci-dent)
THE JUDGE	**An accident, eh?**
THE WIFE	**The accident is that I broke my umbrella.** rompí

(col)   (EM-byu-lens)
TO CALL AN AMBULANCE
Para llamar una ambulancia

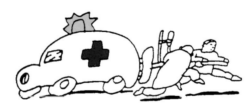

	(pri-PERD) (i-MER-chen-si) (a-TEK)
JOHN	**I must be prepared for any emergency. If my wife suffers a heart attack** preparado sufre ataque cardíaco
	and she has to go to the hospital, what do I have to do?
GEORGE	**It is not difficult. The paramedics will take her to the hospital in an** asistentes médicos
	(fyu) (MI-nuts) **ambulance in a few minutes.**
JOHN	(AX-i-chen) **Do they have oxygen in the ambulance?**

GEORGE   *(KAR-di-ek) (ma-SACH)*
Of course. Also they can give her a cardiac massage and check
masaje cardíaco

(pols)
her pulse and blood pressure.

JOHN   **Very well. Then I don't have to**

worry.
preocuparme

GEORGE   **Not at all.**
de ninguna manera

(po-LIS)
THE POLICE
La policía

Cada estado y cada ciudad tiene su propio departamento de policía. Por lo general, la policía es cortés, estricta y a prueba de soborno. También en el camino se encuentra la **state police** (policía del estado) que puede ayudarle cuando usted viaja por automóvil.

Si una emergencia ocurre, marque el número 911. Este número es para la policía y la ambulancia en caso de emergencia.

ANTES DE SALIR DE VIAJE
Before leaving on a trip

Usted debe estar preparado para tratar con una gran cantidad de situaciones diarias cuando esté viajando. Es hora de ver cómo se las va a arreglar. ¿Cómo lo pasará en las siguientes situaciones? Ponga una señal en la casilla apropiada después de las alternativas siguientes.

(GUET-ing)

Situation 1: Getting to Know People
Conocer gente

1. Es por la tarde y usted encuentra a alguien. ¿Qué dice usted para empezar una conversación?
   a. Good afternoon. ❏
   b. I will see you. ❏
   c. Good evening. ❏

2. Usted acaba de encontrarse con un amigo. ¿Qué dice usted?
   a. Say. ❏
   b. Hello. ❏
   c. What is your name? ❏

3. Alguien le pregunta "¿Cómo está?" ¿Cuáles son las dos respuestas que no pueden usarse en la contestación?
   a. I am an American. ❏
   b. At two o'clock in the afternoon. ❏
   c. Very well, thank you. ❏

Situation 2: Arrival

Llegada

1. Usted no tiene reservación en el hotel.
   a. How are you, sir? ❏
   b. I don't have a reservation. ❏
   c. I live in the United States. ❏

2. Usted quiere decir que necesita una habitación.
   a. I like the country. ❏
   b. I have just arrived. ❏
   c. I need a room. ❏

3. Usted quiere saber el precio de un cuarto.
   a. Where are the restrooms? ❏
   b. How much is the room? ❏
   c. Is it a big room? ❏

Situation 3: Seeing the Landmarks, Important Places

Visitando los puntos de interés

1. Usted está caminando y quiere encontrar cierta calle:
   a. Where is the post office? ❏
   b. When is the next bus coming? ❏
   c. Where is this street? ❏

2. El transeúnte le dará varias direcciones como:
   a. I go to bed late. ❏
   b. Yesterday, today, tomorrow. ❏
   c. To the left, to the right, straight ahead. ❏

3. Usted acaba de subir al autobús y usted quiere preguntar dónde bajarse. Usted dice:
   a. How much is the fare, please? ❏
   b. Where do I get off for the museum? ❏
   c. Are you French? ❏

4. Usted detiene un taxi y antes de entrar en él, usted quiere saber cuánto costará ir hasta la avenida Park
   a. Do you know where Park Avenue is? ❏
   b. Is Park Avenue very far away? ❏
   c. How much does it cost to go to Park Avenue? ❏

RESPUESTAS

2: 1.b 2.c 3.b   3: 1.c 2.c 3.b 4.c

256

5. Usted ha olvidado su reloj. Usted detiene a un transeúnte para preguntarle la hora. Usted dice:
    a. Do you have a schedule? ❑
    b. How is the weather? ❑
    c. What time is it? ❑

6. El transeúnte no contestaría:
    a. It is twenty minutes past two. ❑
    b. It is a quarter to one o'clock. ❑
    c. It costs a dime. ❑

7. Usted está en la estación del tren y quiere comprar un boleto. Usted dice:
    a. I want to learn English. ❑
    b. Where is Chicago? ❑
    c. I need to buy a ticket to New York. ❑

8. El empleado le dice que usted tiene que hacer un empalme. Él dice:
    a. You have to make a connection. ❑
    b. It is very cold today. ❑
    c. The luggage is in the baggage car. ❑

9. Usted quiere decirle a alguien que es español y que habla poco inglés. Usted dice:
    a. I am Swiss and I speak German. ❑
    b. I am Spanish and I speak a little English. ❑
    c. My wife takes Italian lessons. ❑

10. Si alguien le preguntará qué nacionalidad tiene, ni él ni ella le diría:
    a. Are you Mexican? ❑
    b. Are you English? ❑
    c. Are you Spanish? ❑
    d. Are you tired? ❑
    e. Are you Japanese? ❑

11. Usted quiere alquilar un coche muy barato. Usted podría decir al empleado:
    a. I want to rent an expensive car. ❑
    b. I want to leave the car in another city. ❑
    c. I want to rent an inexpensive car. ❑

12. Usted quiere llenar el tanque de gasolina del coche. Usted podría decir:
    a. It costs a lot. ❑
    b. Fill up the tank, please. ❑
    c. Check the oil, please. ❑

13. Usted pregunta al empleado de un campamento sobre los servicios disponibles. Usted no diría:
    a. Do you have water? ❑
    b. Do you have a playground? ❑
    c. Do you have a map of the city? ❑

RESPUESTAS

5. c   **6.** c   **7.** c   **8.** a   **9.** b   **10.** d   **11.** c   **12.** b   **13.** c

14. Si usted le preguntará al empleado del campamento cuánto cuesta quedarse por día, ¿qué dos cosas no diría él?
    a. Two miles. ❑
    b. $15. ❑
    c. A liter. ❑

15. Si alguien le preguntará qué tiempo hace en la primavera en un día agradable, usted no diría:
    a. It is nice weather. ❑
    b. It is raining. ❑
    c. The sky is clear. ❑

16. Si hace frío, en un día invernal, usted no diría:
    a. Is it snowing today? ❑
    b. Is it hot today? ❑
    c. Is it cold today? ❑

17. En el aeropuerto, usted podría oír esto por el altoparlante:
    a. Flight #300 to New York is leaving at ten after four. ❑
    b. Flight #300 to New York is interesting. ❑
    c. Flight #300 to New York costs a lot. ❑

18. Para preguntar a un empleado de la línea aérea a qué hora sale su vuelo, usted diría:
    a. What time is my flight leaving? ❑
    b. Do you travel by car? ❑
    c. When will flight #300 arrive? ❑

Usted deberá entender la siguiente historia. ¿Puede encontrar todos los nombres y pronombres posesivos?

MARY	Hi, Barbara! Where are you going?
BARBARA	I'm going to Jane's house. Do you want to come?
MARY	No, thanks, it's too far. Why don't you come to my house?
BARBARA	Because I told Jane I'm going to hers!
MARY	Well, let's call Tom and Ed and go to their house!
BARBARA	Good idea! Instead of going to your house, we'll meet at theirs!

RESPUESTAS

14. a, c   15. b   16. b   17. a   18. a
Jane's, my, hers, their, your, theirs

258

Recuerde este cuento. Más tarde vamos a usarlo de nuevo.

Situation 4: Entertainment

Diversiones

1. Usted va a una diversión nocturna. ¿Cuál de las siguientes oraciones sería mejor?
   a. We go to the beauty shop. ❑
   b. We go to the pharmacy. ❑
   c. We go to the theater. ❑

2. Si alguien le pregunta cuál es su deporte favorito. ¿qué contestación no diría?
   a. I like bicycling. ❑
   b. I like to travel. ❑
   c. I like to swim. ❑

Situation 5: Ordering Food

Pedir comida

1. Usted quiere preguntar dónde hay un buen lugar para comer. Usted podrá decir:
   a. Where is there a shoe store? ❑
   b. Where do you live? ❑
   c. Where is there a good restaurant? ❑

2. Como una posible contestación a la pregunta anterior, usted no diría:
   a. Could I get a soda at the bar? ❑
   b. This restaurant is very good. ❑
   c. At the next corner. ❑

3. Cuando un camarero le pregunta qué desea, él debe decir:
   a. What would you like, sir (madam)? ❑
   b. May I bring you the bill? ❑
   c. I want roast chicken. ❑

4. Para ver el menú, usted diría:
   a. Would you please bring the menu? ❑
   b. What desserts do you serve? ❑
   c. Do you need the menu? ❑

5. ¿Cuál de los siguientes no está relacionado con la comida?
   a. to have dinner ❑
   b. to have lunch ❑
   c. to have breakfast ❑
   d. to hear ❑
   e. to have a snack ❑

259

Situation 6: At the Store

En la tienda

1. Usted ha hecho una lista para el mercado, pero no hay ningún supermercado disponible en los alrededores. ¿Dónde conseguirá las cosas que usted desea? Trace una línea de los artículos a las tiendas que usted visitará.

1.	milk	**a.**	vegetable store
2.	trout	**b.**	liquor store
3.	carrots	**c.**	ice cream parlor
4.	wine	**d.**	dairy
5.	bread	**e.**	meat store
6.	steak	**f.**	fish store
7.	ice cream	**g.**	bakery

2. Usted va a una tienda de ropa de hombre. Trace una línea por los artículos que usted no encontraría allí.

   panties, shirts, neckties, slips, bras, underwear, belts, socks

3. Una de las siguientes listas no tiene relación con la ropa.
   a. a blue suit, a black jacket, a white shirt
   b. a cotton dress, a green blouse, pantyhose
   c. German, French, English

4. Tache la pregunta que usted no haría en un supermercado.
   a. How much is it?
   b. What size do you wear? What is your size?
   c. Do you have toilet paper?

5. ¿Cuáles de los artículos siguientes llevaría usted a una lavandería automática?
   a. detergent _____
   b. dirty clothes _____
   c. a flower _____
   d. coins _____

6. Trace una línea de la palabra en español a su equivalente en inglés.

1.	haircut	**a.**	rubio
2.	scissors	**b.**	patillas
3.	moustache	**c.**	ondas
4.	a wash and set	**d.**	un corte de pelo
5.	waves	**e.**	peluquería
6.	to shave	**f.**	tijeras
7.	blond	**g.**	bigote
8.	sideburns	**h.**	un lavado y un peinado
9.	beautician (hairdresser)	**i.**	afeitar

7. Haga un círculo alrededor del lugar donde usted podría hacer cada pregunta.
   a. Can you put a heel on this shoe? (watchmaker's shop, gift shop, shoemaker's shop)
   b. Do you have cigarettes? (the tobacco store, the dry cleaner's, the stationery store)
   c. How much is this magazine? (the post office, the bank, the newsstand)
   d. Will you show me a gold ring? (the clothing store, the jewelry store, the subway)
   e. Do you have any notepads? (the stationery store, the meat store, the bus stop)

¿Recuerda este cuento? Llene los espacios en blanco con las palabras que faltan.

MARY   **Hi, Barbara! Where _____ you going?**

BARBARA   **I'm going to Jane's house. Do you want _____ come?**

MARY   **No, thanks, it's too far. Why _____ you come to my house?**

BARBARA   **Because I told Jane I'm going to _____ !**

MARY   **Well, _____ call Tom and Ed and go to their house!**

BARBARA   **Good idea! Instead of going _____ your house, we'll meet at theirs!**

Situation 7: Essential Services

Servicios esenciales

1. Usted está en el banco y desea cambiar unos cheques de viajero. Usted debe decir:
   a. When does my flight leave? ❑
   b. Should I take an aspirin? ❑
   c. I would like to exchange these traveller's checks. ❑

2. Para depositar dinero, usted necesitará pedir:
   a. a withdrawal slip ❑
   b. a deposit slip ❑
   c. a checkbook ❑

3. Un empleado de banco no le preguntaría:
   a. Do you need a skirt? ❑
   b. Will you please sign this form? ❑
   c. Do you have cash? ❑

4. Tache los artículos que usted no asociaría con el correo.

   eyeglasses, stamps, packages, postage, boots,

   booth, postcards, letters, desserts

5. Usted contesta una llamada telefónica con...
   a. How are you? ❑
   b. I'll see you. ❑
   c. Hello. ❑

6. Si usted quiere hacer una llamada de larga distancia, usted dice:
   a. I want to pay my bill.
   b. Do I have to give a tip?
   c. I want to make a long-distance call.

7. ¿Cuál de las oraciones siguientes no le preguntaría un doctor?
   a. Do you smoke a great deal?
   b. Do you have a sore throat?
   c. What time does my train leave?

8. Tache la única oración a continuación que usted no usaría en caso de emergencia:
   a. Call the police, please.
   b. We need an ambulance.
   c. I like to swim.
   d. Help!

RESPUESTAS

1. c 2. b 3. a 4. eyeglasses, boots, desserts 5. c 6. c 7. c 8. c

En cada cuadro, use la palabra clave arriba para responder la pregunta mas abajo. Luego, verifique su respuesta al reverso.

la sala, la cocina, el cuarto de baño, la alcoba

What rooms does the house have?

el hotel

Where did the tourists arrive?

caminar

What are the two girls doing?

la hija

Who is Susan?

el ascensor

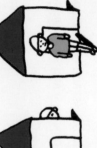

Where are these people?

detrás, delante

Where is the boy?

el padre

Who is Paul?

la maleta

What is the bellboy carrying?

bajar

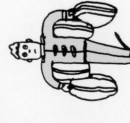

What is the tourist doing?

living room: We watch TV in the living room.
kitchen: We eat in the kitchen.
bathroom: We wash in the bathroom.
bedroom: We sleep in the bedroom.

hotel
The tourists arrive at the hotel.

to walk
The two girls walk along the street

daughter
Susan is the daughter of Paul and Ann.

elevator
They are in the elevator.

behind: The boy is behind the house.
in front of: The boy is in front of the house.

father
Paul is the father of Peter and Susan.

suitcase
The bellboy carries four suitcases.

to get out
The tourist gets out of the taxi.

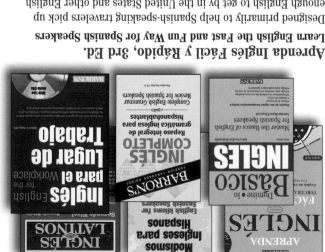

to cash a check
The tourist cashes a check at the bank.

laptop
We receive and send e-mails with a laptop.

behind
I sit on my behind.

fax machine
We need a fax machine.

mouth
We eat with our mouth.

dentist
She visits the dentist.

mailbox
We can put them in the mailbox.

eyes
We see with our eyes.

doctor
I show my tongue to the doctor.

cobrar un cheque

What does the tourist do at the bank?

la máquina de fax

What do we need to send letters by telephone?

el buzón

Where can we put our letters?

la computadora portátil

How do we receive and send e-mails?

la boca

With what part of the body do we eat?

los ojos

With what do we see?

el trasero

On what part of your body do you sit?

el dentista

If she has a toothache, who does she visit?

el doctor

To whom do you show your tongue?

silverware
Silverware is made of silver.

camera, memory card
We need a camera and a memory card.

shoemaker's
Shoes are repaired at the shoemaker's.

wallet
He puts his money in his wallet.

expensive
No, good perfumes are expensive.

broken glasses
The optometrist repairs broken glasses.

CD (sidi) *player*
We use the CD player.

classical music, popular music
I like classical music.
My friend likes popular music.

credit card
They should carry their credit cards.

la plata

What is silverware made of?

la cámara, la tarjeta de memoria

What do we need to take pictures?

shoemaker

Where are shoes repaired?

---

la cartera

Where does he put his money?

caro

Are good perfumes cheap?

las gafas rotas

What does the optometrist repair?

---

el tocadiscos

What do we use to listen to our discs?

la música clásica, la música popular

What kind of music do you and your friend like?

la tarjeta de crédito

What should tourists carry?

suitcases
They want their suitcases.

watchmaker's shop
I take my watch to the watchmaker's shop.

jeweler
The jeweler will sell me a bracelet.

postcards
I send postcards to my friends.

ring
I wear a ring on my finger.

gift
She gives gifts to her friends on Christmas.

midnight
I go to bed at midnight.

earrings
She wears the earrings on her ears.

gift shop
They sell scarves at the gift shop.

las maletas

What do the passengers want when they get off the airplane?

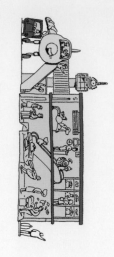

la relojería

Where do you take your watch to repair it?

el joyero

Who will sell you a bracelet?

---

las tarjetas postales

What do you send to your friends?

el anillo

What do you wear on your finger?

el regalo

What does she give to her friends for Christmas?

---

la medianoche

At what time do you go to bed?

las orejas

Where is this woman wearing her earrings?

la tienda de artículos de regalo

Where do they sell scarves?

pharmacy
I buy the pills at the pharmacy.

washing machine, dryer
I put the detergent in the washing machine.
I use the dryer to dry the clothes.

shampoo
To wash my hair I need shampoo.

electric razor
Men use an electric razor.

haircut
He goes to the barbershop when
he needs a haircut.

newsstand
He can buy magazines at the newsstand.

deodorant
Every day we should use deodorant.

beauty parlor
She goes to the beauty parlor.

ballpoint pen, stationery
I can find a ballpoint pen and stationery.

la farmacia

Where do you go to buy pills for a sore throat?

la lavadora, la secadora

Where do you put the detergent in?
What do you use to dry the clothes?

champú

What do you need to wash your hair?

la máquina de afeitar

What do men use to shave?

el corte de pelo

When does Anthony go to the barbershop?

el quiosco

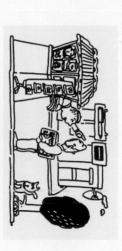

Where can he buy magazines?

el desodorante

What should we use every day?

la peluquería

Where does Mary go for a permanent?

el bolígrafo, el papel de escribir

What can you find in a stationery store?

raincoat, umbrella
When it rains I wear a raincoat and I carry an umbrella.

socks
I need new socks.

farmer's market
It is possible to buy fresh food at the farmer's market.

winter
I wear a raincoat in winter.

gloves
If it is cold I wear gloves on my hands.

mountain climbing
They like mountain climbing.

to take off
The young man is taking off his jacket.

candy store, liquor store
I can buy a box of chocolates at the candy store.
I can buy a bottle of vodka at the liquor store.

aspirin
When I have a headache I take aspirin.

el impermeable, el paraguas

What do you wear and what do you carry when it rains?

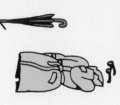

el invierno

In what season do you wear a raincoat?

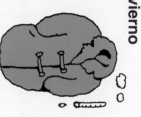

quitarse

What is the young man doing?

los calcetines

What do you need?

los guantes

What do you wear on your hands if it is cold?

la confitería, la licorería

Where can you buy a box of chocolates?
Where can you buy a bottle of vodka?

el mercado al aire libre

Where is it possible to buy fresh food?

el alpinismo

What sport do these people like?

la aspirina

What do you take when you have a headache?

meat
I cut the meat with the knife.

flight attendant
The flight attendant serves the passengers.

butter
I put butter on my bread.

to eat
The man likes to eat.

bottle of wine
We can have a bottle of wine with our dinner.

waiter
The waiter brings the meal.

coffee with milk, tea
I prefer to have coffee with milk for breakfast.
I prefer to have tea for breakfast.

vegetables; asparagus, spinach
Asparagus and spinach are vegetables.

cheese, orange
I prefer cheese or an orange for dessert.

la carne

What do you cut with the knife?

la aeromoza

Who serves the passengers?

comer

What does the man like?

la mantequilla

What do you put on your bread?

la botella de vino

What can we have with our dinner?

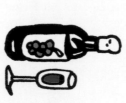

What do you prefer to have?

café con leche, té

el camarero

Who brings the meal?

las legumbres; los espárragos, las espinacas

What are these?

el queso, la naranja

For dessert, what would you like?

Fourth of July
Today is the Fourth of July.

to sleep
The boy is sleeping now.

to know
Yes, I know how to swim.

tall, short
The mother is tall.
The daughter is short.

theater
Tonight we go to the theater.

bathing suit
I wear a bathing suit.

spring: The weather is fine in spring.
summer: It is hot in summer.
fall: It rains a lot in the fall.
winter: It snows a lot in winter.

to run
These people run.

breakfast
I eat toast for breakfast.

el cuatro de julio

What is today's date?

dormir

What is the boy doing now?

saber

Do you know how to swim?

alto, bajo

How are the mother and her daughter?

el teatro

Where are we going tonight?

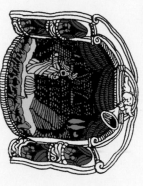

el traje de baño

What do you wear when you go to swim?

la primavera, el verano, el otoño, el invierno

Which are the seasons of the year?

correr

What are these people doing?

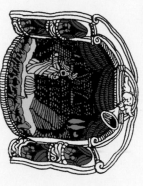

el desayuno

When do you eat toast?

mechanic
The truck and the car need a mechanic.

grocery store
You can buy ham and butter at the grocery store.

fine weather, sunny
The weather is fine; it is sunny.

tire
This car part is the tire.

gas pump
You use the gas pump.

to rain
It is raining today.

to be cold, to be hot
The man is cold.
The woman is hot.

thirsty, hungry
The first boy wants to drink water because he is thirsty.
The second boy wants to eat because he is hungry.

sick
The young man is sick.

el mecánico

What do the truck and the car need?

el neumático

How is this car part called?

tener frío, tener calor

How are these people?

la tienda de comestibles

Where can you buy butter and ham?

la bomba

How do you put gasoline in your car?

sediento, hambriento

Why does the first boy want to drink water? Why does the second boy want to eat?

buen tiempo, soleado

How is the weather today?

llover

How is the weather today?

enfermo

How is the young man?

half
It is two and a half.

boarding platform
The passengers and the porter are on the boarding platform.

Spanish
This lady understands Spanish.

to
It is twenty-one to nine.

ticket window
She buys her ticket at the ticket window.

English
This man writes in English.

train
The passengers travel by train.

French
The man speaks French.

car
The dog is in the car.

2:30

What time is it?

el andén

Where are the passengers and the porter?

el español

What language does this lady understand?

21 para las 9

What time is it?

la taquilla

Where is the woman buying her ticket?

el inglés

In what language does this man write?

el tren

How are the passengers traveling?

el francés

What language does this man speak?

el coche

Where is the dog?

name:
My name is...

to take
They are taking the bus.

and
It is six ten.

newspaper, magazine
We buy magazines and newspapers at the newsstand.

church
My family goes to church on Sunday.

to be
I am from the United States. I am North American.

soda, soft drink
The boy drinks a soda.

clock (grande), *watch* (pequeño)
They look at the clock.

quarter
It is quarter past one.

el nombre

What is your name?

el periódico, la revista

What do we buy at the newsstand?

la gaseosa

What is the boy drinking?

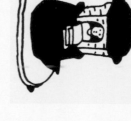

tomar

What are these people doing?

la iglesia

Where does your family go on Sunday?

ser

Where are you from?

el reloj

What are the father and the daughter looking at?

6 y 10

What time is it?

1:15

What time is it?